HOE JE JE BREIN BEVRIJDT

In een hyperverbonden
multitaskende wereld

Theo Compernolle

*Gebruiks-
aanwijzing*

Een samenvatting
van de bestseller
"Ontketen je brein"

'Ontketen je brein': lezersrecensies

☆☆☆☆☆ Amazon.com

☆☆☆☆☆ Amazon.co.uk

☆☆☆☆☆ Amazon.cn

Schitterend werk dat je op basis van het meest recente toponderzoek als het ware een gebruiksaanwijzing voor je brein voorschotelt! Vormen alle nieuwe technologieën eigenlijk een positieve tool, of sporen ze ons aan tot luiheid en domheid? Het is een dunne lijn die Theo bewandelt zonder het evenwicht te verliezen. Lezen op eigen risico!

David Allen

Fantastisch boek over productiviteit. Heb je 'Getting Things Done' van David Allen gelezen? Dan vormt dit boek van Theo Compernolle de sleutel tot een beter begrip van het volledige systeem. Je zult meteen begrijpen waarom we doen wat we doen. De auteur heeft zijn werk gebaseerd op wetenschappelijk onderzoek en onderbouwt zijn argumenten met stijl. Wat je zeker moet onthouden uit 'Ontketen je brein'? Weg met die gsm als je achter het stuur zit! :-)

Addo General Mrch

Ik ben zo blij dat ik dit boek wist te bemachtigen. Vergeet al die andere boeken over ondernemerschap, met tips en theorieën die iedereen kent en gebruikt! DIT is het boek waarmee je je eigen weg inslaat, weg van de kudde. Het is een absolute must! Ik bewaar dit boek niet in mijn boekenkast, maar op mijn bureau – als geheugensteuntje, elke dag opnieuw!

Anoniem

In een notendop: wat een topboek! Ik heb genoten van elke pagina. De auteur slaagt erin om alles duidelijk uit te leggen op een open, toegankelijke manier. Ik bekijk mijn laptop nu vanuit een heel ander oogpunt. Een aanrader!

4bozzza

Dit is een boek dat écht een impact heeft op je gewoonten – en wat voor een! Voor mij persoonlijk was het een openbaring, en dat is de grootste waarde die een boek kan hebben ...

Joanne

... Een vlot en boeiend boek dat je in één ruk wilt uitlezen. Een must have in een wereld waarin connectiviteit iedereen verslindt!

Dave Scott, Directeur

Een topboek met uitgebreide documentatie en vlot leesbare 'wetenschappelijke' onderwerpen – écht professioneel. De auteur heeft een aangename stijl en weet zijn ideeën perfect over te brengen. Kortom, knap geschreven! Dit was een geslaagde aankoop en investering.

Jean-Paul Antonus

... Een fascinerend, grondig gestaafd en slim geïllustreerd betoog tegen de dubbele tirannie van de hyperconnectiviteit en het multitasken, dat je ook toont hoe je eraan kunt ontsnappen.

Nélida en Jorge Colapinto

HET BREIN is weidser dan de lucht
Want plaats ze zij aan zij
Sluit het ene de andere in
Zelfs nog met jou erbij
Het brein is dieper dan de zee
Want blauw bij blauw gevat
Slorpt het ene de andere op
Als een spons doet, of een vat

Emily Dickinson (1830-1886)

Als je maar één ding tegelijk doet, heb je in de loop
van de dag tijd voor alles; maar als je twee dingen
tegelijk wilt doen, heb je nog niet genoeg aan een
jaar ... De aanhoudende en ongestoorde aandacht
voor één ding is een duidelijk kenmerk van een
superieur denkvermogen, terwijl haast, drukte
en gejaagdheid onveranderlijk de symptomen zijn
van een zwakke en lichtzinnige geest.

Lord Chesterfield April (1694-1773)

Het is niet dat ik zo slim ben, ik blijf alleen langer
met problemen bezig.

Albert Einstein (1879-1955)

Een groot verstand zakt af naar het niveau
van een doorsnee verstand zodra het wordt
onderbroken en verstoord, en zijn aandacht
wordt afgeleid van dat wat aan de orde is. De
superioriteit van dat grote verstand hangt immers
af van zijn concentratievermogen, of het richten
van al zijn krachten op één thema. Vergelijk het
met een holle spiegel die alle lichtstralen die hem
treffen op één punt concentreert.

Arthur Schopenhauer: On Noise (1851)

HOE JE
JE BREIN
BEVRIJDT

In een hyperverbonden
multitaskende wereld

EEN BEKNOPTE VERSIE
VAN DE BESTSELLER
'ONTKETEN JE BREIN'

Prof Dr Theo Compernolle
Compublications 2017

ISBN: 978-90-827084-0-0

AFBEELDINGEN: Huw Aaron (contact@huwaaron.com)

LAY-OUT: Ivan Stojić (stojagrozny@gmail.com)

CARTOON COGNITIVE SPACE: idee Serge Diekstra

Kijk voor meer informatie op: **www.brainchains.info**

Voor feedback, opmerkingen, vragen of suggesties kun je terecht
bij **comments@brainchains.info**

Voor een op maat gemaakte (white label or private label)
versie voor uw medewerkers of klanten, contact:
discount@compublications.com

Afkortingen:

ICT: informatie- en communicatietechnologie. Kortom, de hardware en software die je gebruikt om informatie te zoeken en te
verspreiden, zoals je smartphone, tablet, computer, e-mail, browser,
sociale media enzovoort.

AOL: altijd online. Je controleert voortdurend je e-mails, tekst- of
nieuwsberichten, sociale media en voicemail met je gsm, tablet,
computer enzovoort.

Inhoud

Over de auteur

Prof. dr. Theo Compernolle, MD., PhD., heeft onder meer de Suez Chair in Leadership & Personal Development aan de Solvay Business School bekleed, was adjunct-professor bij INSEAD, gasthoogleraar aan verschillende business schools en hoogleraar aan de Vrije Universiteit van Amsterdam.

Hij is bovendien adjunct-professor aan het CEDEP European Centre for Executive Development in Fontainebleau (Frankrijk).

Als arts, neuropsychiater en academicus met tientallen jaren ervaring verdiept hij zich in wetenschappelijk onderzoek op allerlei terreinen, dat hij vervolgens in zijn werk integreert. Voor dit boek bestudeerde hij meer dan 600 publicaties.

Daarnaast is hij consulent, docent en coach van professionals en leidinggevenden bij diverse multinationals en business schools overal ter wereld. Hij heeft intussen ook drie non-fictiebestsellers in het Nederlands op zijn naam staan.

Als docent en coach van doelgroepen met uiteenlopende onderwijsniveaus weet hij zijn kennis op een eenvoudige en praktische manier over te dragen. En dat werpt zijn vruchten af, want zijn publiek is razend enthousiast!

Neem ook een kijkje op **www.compernolle.com**.

Inleiding

Dit boek is een beknopte versie van mijn boek **'Ontketen je brein. Hoe hyperconnectiviteit en multitasking je hersenen gijzelen en hoe je eraan kunt
ontsnappen.'**

Waarom deze samenvatting? Toen 'Ontketen je brein' een
bestseller werd, ontdekte ik een interessante paradox.

Dat boek legt uit hoe je de wisselwerking tussen je geniale
brein en de fantastische informatie- en communicatietechnologie (ICT) ten volle kunt benutten om je intellectuele
productiviteit een duwtje in de rug te geven.

**Zij die mijn boek het meest nodig hebben om doel-
treffender te gaan werken, hebben helaas de tijd niet
om een volledig boek te lezen en zo te ontdekken hoe
ze hun brein kunnen inzetten om doeltreffender,
productiever en creatiever aan de slag te gaan.**

Zodra je de sterktes en zwaktes van het menselijke brein
kent, kun je de wisselwerking tussen je brein en ICT ten
volle benutten om je productiviteit en creativiteit meetbaar
te verhogen, sneller en met minder stress.

Ik hoop stiekem dat je dankzij deze samenvatting veel
doeltreffender gaat werken, zodat je de tijd hebt om meer
boeken te lezen die je persoonlijke ontwikkeling ten goede
komen – of gewoon voor het plezier, natuurlijk!

Veel leesplezier!

Theo Compernolle

ER IS NIETS MIS MET DE TECHNOLOGIE

DE MANIER WAAROP
WE DEZE GEWELDIGE
GEREEDSCHAPPEN
GEBRUIKEN IS
HET PROBLEEM.

Je toekomst hangt af van de synergie tussen je brein en je technologie

Wat is je BELANGRIJKSTE HULPMIDDEL voor een succesvolle carrière?

Onze moderne informatie- en communicatie-technologie (ICT) is een uitzonderlijke bron van informatie. Maar informatie staat niet noodzakelijk gelijk aan kennis. Kennis, inzicht en creativiteit vergen immers aanhoudende en gefocuste inspanning, aandacht en concentratie om relevante informatie te vinden en te verwerken. Informatie is alomtegenwoordig en zo goed als gratis, maar nadenken wordt zeldzaam en kostbaar.

Wanneer ik tijdens workshops en presentaties over de hele wereld professionals vraag wat hun belangrijkste tool is voor een succesvolle carrière, antwoordt 99% gegarandeerd: "Mijn hersenen." Als ik vervolgens vraag "wat weet je over je brein dat echt praktisch en nuttig is om zijn potentieel ten volle te benutten?" kunnen de antwoorden in 99% van de gevallen herleid worden tot niets en enkele fabeltjes.

Het gevolg hiervan is dat, als je niet goed weet hoe je brein in mekaar zit, je het unieke potentieel dat de combinatie van je brein en ICT biedt ook niet kunt benutten om je productiviteit, creativiteit, welzijn en welvaart te verhogen.

In deze beknopte versie van 'Ontketen je brein' ontdek je enkele basisrichtlijnen om je hersenen optimaal te benutten:

- Hoe altijd online zijn je intellectuele productiviteit aantast en waarom.

- Hoe multitasken bij intellectuele taken vier tot tien keer meer inspanning vergt en een aanzienlijk slechter en minder creatief resultaat oplevert.

- Hoe je archiverende brein zijn werk doet terwijl jij pauzeert of slaapt.

En nog veel meer ...

Alle werknemers zijn breinwerkers en moeten DE MEESTERS ZIJN VAN HUN ICT

Handarbeid wordt steeds meer door machines overgenomen. Het enige werk dat overblijft, is werk dat de meest geavanceerde menselijke intellectuele en sociale vaardigheden vergt. Daarom kunnen ALLE werknemers vandaag als **'breinwerkers'** worden beschouwd. Ik gebruik niet het woord 'kenniswerker', omdat dat gewoonlijk arbeiders en administratieve medewerkers uitsluit. Echter, zij zijn ook 'breinwerkers'. Je belangrijkste succesfactor is een goed brein, weten hoe het efficiënt en effectief aan te wenden, en de sociale vaardigheden nodig voor het contact met andere 'breinwerkers'.

Je ICT kun je op twee manieren gebruiken: als een succesvolle professional en als een consument die altijd online is.

Als succesvolle 'breinwerker' **gebruik je** je ICT met onverdeelde aandacht om relevante informatie te vinden, te verwerken, te produceren en te creëren. **Jij beslist** wat je doet, waarom, wanneer en hoelang je dat doet om je eigen succes te behalen.

Als consument die altijd online is, daarentegen, **gebruikt je ICT jou**: het trekt je aandacht, zonder doel of inspanning, met een eindeloze, doelloze stroom interessante maar irrelevante informatie. **Jouw ICT beslist** wat je doet en waarom, wanneer en hoelang je dat doet. Bedrijven ontwikkelen heel sluw verslavende apps die je aandacht vasthouden – niet voor jouw succes, maar voor *hun* succes.

Genieten mag uiteraard, maar pas op dat je deze twee rollen niet met elkaar vermengt. Dat is funest en zelfs fataal voor je intellectuele productiviteit.

Onze TOEKOMST: de SYNERGIE tussen het briljante menselijke brein en de fantastische technologie

Op 2 maart 2004 lanceerde het Europees Ruimteagentschap de ruimtesonde Rosetta. Het was de bedoeling om een komeetsonde te droppen op de komeet Tsjoerjoemov-Gerasimenko, een ijsblok met een diameter van 4 km dat met een snelheid van 40.000 km/u door de Melkweg reist, in de buurt van Jupiter. Wetenschappers vergeleken dit met een vlieg die op een vliegende kogel probeert te landen.

Het ruimtevaartuig deed er tien jaar over om een afstand van in totaal 6,5 miljard kilometer af te leggen, en om de lander Philae te doen neerstrijken met een precisie van honderd meter van de vooraf gekozen plek.

Wat wil ik hiermee aantonen? Achter deze succesvolle missie ging een netwerk schuil van tweeduizend medewerkers, die er zonder computer nooit in zouden geslaagd zijn om de opdracht tot een goed einde te brengen. MAAR het omgekeerde is ook waar: alle computers ter wereld hadden dit nooit kunnen waarmaken zonder dit netwerk van tweeduizend uitzonderlijk getalenteerde menselijke breinen.

De essentie van de ICT-revolutie bestaat erin dat de *combinatie* van moderne ICT en de unieke reflectievaardigheid van ons brein kan leiden tot inzichten, kennis en prestaties die apart niet kunnen ontstaan. ICT vergroot en vermenigvuldigt de kracht van onze hersenen.

De toekomst ligt in de synergie tussen het menselijke brein en de technologie. Dit is nog maar het begin – de mogelijkheden zijn eindeloos!

Hoe we ICT gebruiken in ons dagelijkse leven ONDERMIJNT HET POTENTIEEL VAN ONS BREIN en van onze ICT

Je ICT-gebruik in je dagelijkse leven ondermijnt het potentieel van je hersenen heel ernstig in plaats van het te vergroten. Bovendien haalt het je intellectuele productiviteit, efficiëntie en creativiteit omlaag. Tal van wetenschappelijke onderzoeken zijn tot deze conclusie gekomen, maar dat weet je eigenlijk al.

Kan een chirurg zijn delicate operaties tot een goed einde brengen terwijl hij tientallen keren per uur een snelle blik op Facebook werpt, berichten en mails leest en beantwoordt, en de telefoon opneemt? Natuurlijk niet, en hetzelfde geldt voor een pianist, golfer, manager, kantoorbediende of mecanicien.

'Altijd online zijn', met multitasken tot gevolg, ondermijnt je intellectuele productiviteit, creativiteit en veiligheid.

Het probleem ligt niet bij de fantastische technologie zelf, maar bij de manier waarop je ze gebruikt: zonder rekening te houden met de noden van het meest fantastische instrument dat je hebt: je brein.

De ICT-revolutie ging zo snel dat we in ons dagelijkse leven nog moeten leren hoe we de potentiële synergie tussen onze ICT en ons brein optimaal te benutten.

Bedrijven spelen ook sluw in op je gebrek aan kennis over de synergie tussen je brein en je ICT met verslavende apps, die je intellectuele productiviteit ondermijnen

Basiskennis over je brein is noodzakelijk om het optimaal te gebruiken, samen met je ICT

4.000 gigawatt
40.000 ton

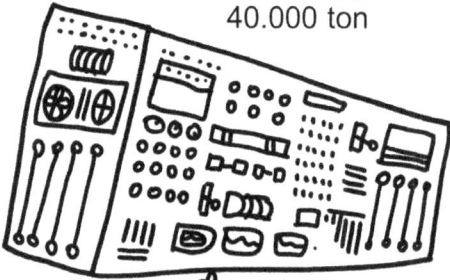

30 watt
1,3 kg

JE BREIN IS VEEL KRACHTIGER dan eender welke bestaande technologie

Om een extreem primitief model van een menselijke hersencortex te maken met de technologie die we vandaag kennen, zou je een computer nodig hebben die even groot is als de grootste Airbus-hangar. Hij zou 40.000 ton wegen en evenveel verbruiken als vier kerncentrales.

Wist je dat we ongeveer 160 miljard hersencellen hebben die gegevens helpen te verwerken? Er zijn er zo veel dat het onmogelijk is om ze zorgvuldig te tellen. Ter vergelijking: de Aarde telt 7,5 miljard inwoners en de Melkweg telt 100 à 400 miljard sterren. Gegevens worden bovendien niet in de cellen zelf verwerkt en opgeslagen, maar wel in de steeds veranderende verbindingen tussen cellen (synapsen genaamd).

En wist je dat de centrale hersencellen (neuronen) voor de informatieverwerking 1000 tot 400.000 verbindingen tellen met andere hersencellen? Zelfs als we slechts 1000 als gemiddelde nemen, komen we uit op 80 biljoen verbindingen. Stel je voor! Met 80 biljoen verbindingen zijn de mogelijke combinaties vrijwel eindeloos.

In deze synapsen spelen de 'vesikels' – kleine blaasjes vol chemische stoffen – als het ware de rol van transistors in een chip. Als er gemiddeld vijftig actief zijn, hebben we ook 400 biljard actieve 'transistors'. Je draagt deze bijna eindeloze computerkracht in je 'draagbare' hersenen, die half zo groot als een voetbal zijn en 1,5 kg wegen. Bovendien verbruiken ze 30 watt in plaats van de 40.000 ton hardware en 4,5 gigawatt die een computer nodig zou hebben om hetzelfde te doen.

Reflex Brein
Stimulus gedreven
Louter **hier en nu**
Alle zintuigen

$e=mc^2$

Denkende Brein
Doelgericht
ÉÉN ding tegelijk
Los van realiteit
Abstract

Archiverende Brein
Heeft niksen nodig

LichaamsBrein

DRIE BREINEN bepalen je gedachten en acties

Er zijn drie breinnetwerken die een rol spelen in je denk- en beslissingsprocessen, en in je acties.

1. Je **denkende brein** is in evolutionaire zin nog jong. Alleen de mens kan nadenken over wat buiten het bereik van onze zintuigen ligt – abstracte zaken dus. Die vaardigheid vormt de basis van taal, die ons in staat stelt om onze almaar toenemende kennis over te brengen van de ene persoon op de andere, van generatie tot generatie. Alleen de mens kan nadenken over het verleden en herinneringen combineren om oplossingen te vinden voor huidige of toekomstige problemen. Wij kunnen plannen maken voor de toekomst. Wij kunnen nadenken, ons afvragen: "Wat als...?" en vervolgens een hypothese ontwikkelen. Wij kunnen een beslissing uitstellen en er nog wat over nadenken, of nieuwe voorwerpen en concepten bedenken met onze verbeeldingskracht.

Opgepast: rode draad doorheen dit hele boek

JE DENKENDE BREIN KAN SLECHTS FOCUSSEN OP ÉÉN TAAK TEGELIJKERTIJD.

2. Je **reflexbrein** is ongeveer even oud als de dierenwereld. Zelfs buitengewoon primitieve dieren hadden reflexen. De wereld van het reflexbrein is het hier en nu, en omvat de ervaringen die je op een bepaald moment beleeft via al de zintuigen die je ter beschikking hebt. Je reflexbrein heeft noch een verleden, noch een toekomst. Als iets niet binnen het bereik van je zintuigen is, bestaat het niet meer.

3. Je archiverende brein slaat elke dag miljarden bits en bytes aan informatie op. Het is verantwoordelijk voor het filteren, herordenen en opslaan van informatie terwijl je denkende brein ontspant, vooral wanneer je slaapt.

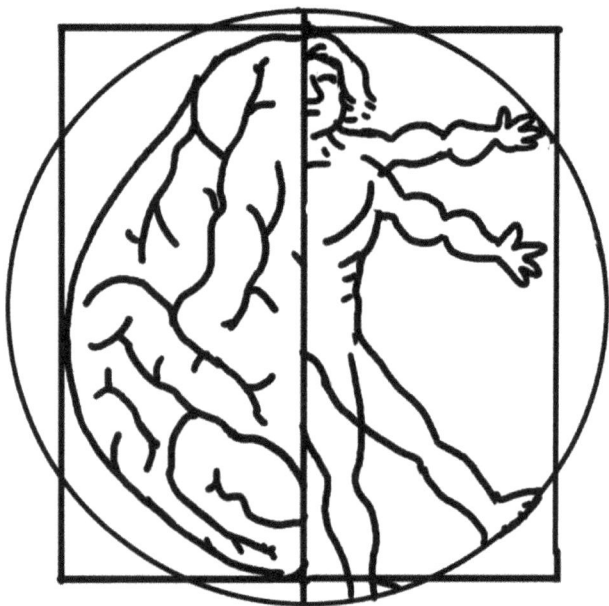

HET LICHAAMSBREIN: verbonden met elke cel van je lichaam

Voor we dieper ingaan op de drie delen van je hersenen die je helpen denken en doen, wil ik een korte kanttekening maken over je lichaamsbrein. Je hersenen communiceren met elk van de 50 tot 100 biljoen cellen in je lichaam om zich voortdurend aan te passen aan interne en externe veranderingen. Ze doen dat volstrekt autonoom, op automatische piloot. Elke cel is net een kleine computer die biljoenen andere computers beïnvloedt, en daardoor wordt beïnvloed. Onderling verwerken deze cellen parallel miljarden routines, geven ze leiding aan elkaar en nemen ze beslissingen in een complex netwerk dat met een verbluffende snelheid functioneert. Het is als het ware een 'internet der dingen', maar dan nog groter, volmaakter en geavanceerder dan eender welke technologie en niemand kan het hacken.

De vertakkingen van dat breinsysteem strekken zich uit in het hele lichaam. Ze bepalen de werking en vermenigvuldiging van alle cellen en hebben zelfs invloed op de genen in onze cellen. Aan de andere kant geven de cellen in het lichaam ook feedback aan het lichaamsbrein, zodat het zich efficiënt en snel kan aanpassen en kan bijsturen. Al deze activiteiten worden gesynchroniseerd door je biologische klok, een belangrijk instrument dat in detail wordt besproken in mijn boek 'Ontketen je brein'.

Het lichaamsbrein beïnvloedt alle cellen in ons lichaam met behulp van drie systemen: het **zenuwstelsel**, dat supersnel reageert via elektrische stromen; het **hormoonstelsel**, dat langzamer reageert door hormonen als boodschappers uit te sturen via de bloedsomloop; en tot slot het **immuunsysteem**, een geavanceerd afweersysteem dat ons beschermt tegen indringers zoals ziektekiemen en opstandelingen zoals kankercellen.

Een Evolutionaire Revolutie
Je reflexen stoppen om te denken

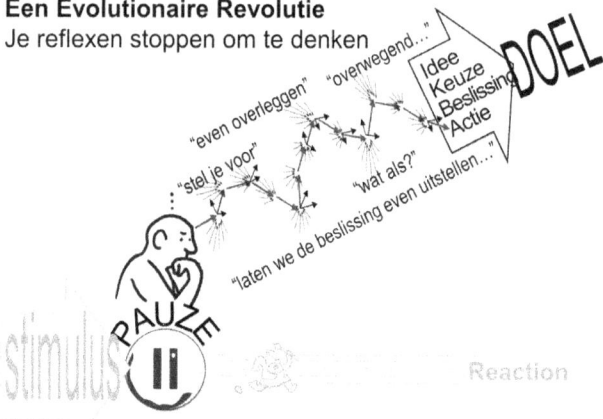

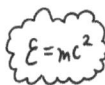

"even overleggen" "overwegend…"

"stel je voor"

Idee
Keuze
Beslissing
Actie

DOEL

"wat als?"

"laten we de beslissing even uitstellen…"

stimulus

PAUZE

Reaction

$\mathcal{E} = mc^2$

Denkende Brein
Bewust, ABSTRACT, traag
Eén ding tegelijk
DOEL gericht

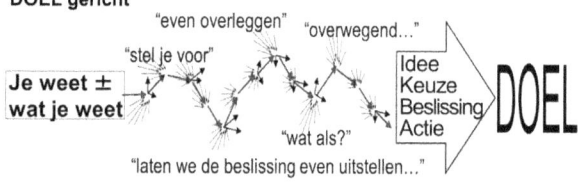

"even overleggen" "overwegend…"

"stel je voor"

| Je weet ± |
| wat je weet |

Idee
Keuze
Beslissing
Actie

DOEL

"wat als?"

"laten we de beslissing even uitstellen…"

JE DENKEND BREIN is uniek menselijk, uitermate geavanceerd en langzaam

De ontwikkeling van de mogelijkheid om onze reflexmatige, door een stimulus uitgelokte reacties te onderbreken, te pauzeren en na te denken was een revolutie in de evolutie van de mensheid.

De belangrijkste en uniek menselijke eigenschap van het denkende brein is dat het ons in staat stelt om na te denken over dingen die niet waarneembaar zijn voor onze zintuigen.

We kunnen zelfs fantaseren en nieuwe concepten en voorwerpen uitvinden. Dat abstracte denken vormt de basis van taal, die ons in staat stelt om te communiceren over complexe en abstracte onderwerpen als wetenschap en religie. Taal stelt ons in staat om van elkaar te leren en voortdurend onze kennis bij te schaven door te spreken, te schrijven en te lezen. Dit breinsysteem is verantwoordelijk voor bewuste reflectie, voor logisch, analytisch en synthetisch denken, voor creatief denken, voor het oplossen van problemen, vooruitdenken, reflecteren op het verleden en de toekomst, en diep nadenken.

Het denkende brein is langzaam en heeft voortdurend aandacht en concentratie nodig. Daarom gebruikt het veel energie en raakt het snel vermoeid. Nogmaals heel belangrijk voor de rest van dit boek is dat het maar met één zaak tegelijk bezig kan zijn.

Het denkende brein kan vooruitdenken, toekomstige doelen stellen en proactief zijn – iets waartoe geen enkel ander dier in staat is. Daarom noemen psychologen dit brein soms het 'doelgerichte' brein, in tegenstelling tot het 'door prikkels gedreven' reflexbrein.

Dit denkende brein is uniek menselijk, onder meer omdat het ons reflexbrein kan sturen en in toom kan houden. Onderzoekers noemen dit denkende brein dan ook wel het controlerende of uitvoerende brein.

INFORMATIE

is overvloedig en goedkoop

REFLECTIE

is zeldzaam en kostbaar

JE SUCCES hangt af van je vermogen om te denken

Om tot de beste en meest proactieve keuzes en beslissingen te komen in onze complexe, onvoorspelbare en snel veranderende moderne omgeving mogen we de leiding niet overlaten aan het primitieve, onbewuste, snelle en gedachteloze reflexbrein.

Onze voorouders op de savanne, die elke dag een strijd moesten leveren om te overleven, werden goed bediend door het reflexbrein: ze hadden de tijd niet om talloze interpretaties en mogelijke handelingen onder ogen te zien.

Maar om succes te hebben in de jungle van de eenentwintigste eeuw moeten we geregeld uit de reflexmodus ontsnappen, om te reflecteren en echte gesprekken te voeren. We moeten af en toe ook de tijd nemen om te ontspannen en de knop uit te zetten, om zo ons archiverende brein de kans te geven alle opgeslagen data te verwerken.

Elektronische systemen kunnen alleen data bevatten, en soms informatie als de data op een betekenisvolle manier toegankelijk zijn gemaakt, maar het menselijke brein is de enige plaats waar kennis, inzicht en betekenis gecreëerd worden. We zijn afhankelijk van de reflectie van menselijke hersenen om informatie om te zetten in kennis en wijsheid, en om de uitzonderlijke synergie tussen ons brein en ICT waar te maken.

Om succes te hebben, moet je levenslang leren. Leren is het gevolg van studie, grondige bestudering, echte gesprekken, ongestoorde reflectie en vooral vallen en opstaan. Om succes te hebben, moet je de tijd nemen om fouten en successen te evalueren, te reflecteren, terug te blikken en vooruit te kijken, breed en diep te denken.

Multitasking: serieel, wisselen tussen taken

   1   2   3   4   1   2   3   4   1   2

Multitasking: simultaan

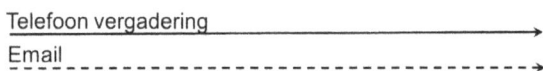

Telefoon vergadering

Email

MULTITASKING: een sleutelconcept om de belangrijkste breinboei te doorgronden

Er bestaan twee soorten multitasking. De eerste is 'simultaan multitasken': twee dingen tegelijk doen, bijvoorbeeld je e-mail checken terwijl je deelneemt aan een conferencecall. De tweede is 'serieel multitasken': afwisselend onderdelen van verschillende taken uitvoeren, bijvoorbeeld stoppen met het schrijven aan een belangrijke nota om een paar mails te beantwoorden, je voicemailberichten te beluisteren enzovoort, om dan terug aan het schrijven te slaan.

Het is nuttig om een onderscheid te maken tussen deze twee vormen van multitasking, maar zoals we verder zullen zien maakt ons denkende brein dat verschil niet omdat het in beide gevallen voortdurend van taak wisselt. Later bespreek ik nog een bijzondere vorm van simultaan multitasken, waarbij je reflexbrein de routinetaken voor zijn rekening neemt terwijl je denkende brein in stand-by blijft voor niet-routinematige zaken of vrij blijft om na te denken over andere onderwerpen.

De term 'multitasken' komt uit de computerwereld, waar een zogenaamde seriële processor – die de basis vormt van de meeste computers – maar één taak tegelijk kan doen, maar zo snel schakelt tussen verschillende taken dat hij al die taken op hetzelfde moment lijkt te doen. In werkelijkheid slaat hij ondertussen informatie op in een tijdelijk geheugen, dat je kunt vergelijken met een whiteboard. Het heeft een beperkte capaciteit. Als het vol is, moet je het eerst schoonvegen om ruimte te maken voor nieuwe ideeën. Zoals we zullen zien, is dat een nuttige metafoor om te duiden wat er in ons brein gebeurt als we proberen te multitasken.

Wist je dat?

Een halfuur ononderbroken werken is

- drie keer efficiënter dan drie keer tien minuten werken;
- vier keer efficiënter als het om complexe taken gaat;
- tien keer efficiënter dan tien keer drie minuten werken.

Wist je dat?

De meeste professionals

- hebben meer dan 65 onafgewerkte taken;
- werken gemiddeld 11 minuten aan een taak voor ze onderbroken worden;
- hebben 25 minuten nodig om, eens afgeleid, terug te keren naar hun oorspronkelijke taak;
- keren in 40% van de gevallen niet eens terug naar hun oorspronkelijke taak.

Efficiënt??? Productief??? Slim???

Dit is zelfs geen multitasken meer – dit is hypertasken.

Is multitasking EFFICIËNT EN VEILIG?

Even terug naar de vraag van daarnet: vertrouw jij erop dat een chirurg je kan opereren of een mecanicien je remmen kan herstellen als ze om de drie minuten hun werk onderbreken om iets anders te doen? En denk je dat *jij* je werk goed kunt doen als je voortdurend van taak wisselt?

Een voorbeeld: je bent een deel van je huis aan het opknappen en terwijl je een muur aan het schilderen bent, bedenk je dat je straks misschien wel grotere schroeven nodig hebt. Je stopt meteen met schilderen, sluit het verfblik, reinigt je borstel, rijdt naar de doe-het-zelfzaak, koopt de schroeven, rijdt terug naar huis, doet je verfblik weer open en schildert verder.

Vijf minuten later bedenk je dat het bier bijna op is. Je stopt meteen met schilderen, sluit het verfblik, reinigt je borstel, rijdt naar de supermarkt, koopt bier enzovoort. Nog eens vijf minuten later bedenk je dat je misschien een kleinere borstel nodig hebt voor de afwerking. Je stopt meteen met schilderen, sluit het verfblik ... Je ziet waar ik naartoe wil: je kunt eeuwig blijven doorgaan en een grote schilderklus om de vijf minuten onderbreken om schuurpapier, aardappelen, melk enzovoort te kopen.

Is dat doeltreffend? Productief? Slim? Absoluut niet – en toch is dat de manier waarop de meeste breinwerkers hun taken afhandelen. Zo zie je maar dat multitasken zeker geen productieve, efficiënte, creatieve en veilige manier is om je werk te doen. Maar je wist wellicht niet dat je denkende brein niet kan multitasken. Probeer je het toch, dan verspil je tijd en moet je inboeten aan nauwkeurigheid, creativiteit, productiviteit en efficiëntie. Je geheugen wordt aangetast en je stressniveau verhoogt.

VAN HOMO SAPIENS VIA HOMO ZAPPIENS
TOT HOMO INTERRUPTUS

Je kunt je brein niet trainen of veranderen om te multitasksen

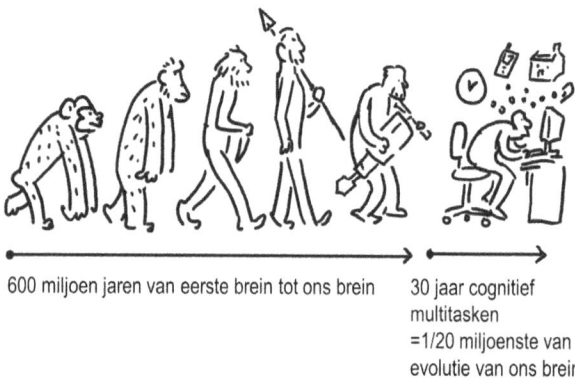

600 miljoen jaren van eerste brein tot ons brein

30 jaar cognitief
multitasken
=1/20 miljoenste van
evolutie van ons brein

Verwarring: evolutionaire structurele verandering versus plasiticiteit van het brein

Niet overtuigd dat MULTITASKEN ENORM INEFFICIËNT is? Doe dan deze test!

Neem een vel papier, een pen en een horloge of stopwatch. De test bestaat uit twee heel eenvoudige taken. In de eerste ronde ga je 'singletasken': je doet de eerste taak en als je ermee klaar bent, doe je de tweede. In de tweede ronde ga je 'multitasken': je wisselt de twee taken af. Voor beide rondes hou je de tijd bij.

Eerste ronde: singletasking

Start de chronometer. Schrijf 'SINGLETASKING' in blokletters en geef vervolgens elke letter een volgnummer. Stop de chronometer en noteer de tijd. Het resultaat ziet er als volgt uit:

S	I	N	G	L	E	T	A	S	K	I	N	G
1	2	3	4	5	6	7	8	9	10	11	12	13

Tweede ronde: multitasking

Schrijf 'MULTITASKING', één letter per keer, en geef elke letter meteen een volgnummer. Dus: schrijf M, geef de M zijn volgnummer 1, schrijf dan U, geef de U zijn nummer 2, schrijf dan L, geef de L zijn nummer enzovoort.

M	U	L	T	I	T	etc...
1	2	3	4	5	6	

Je zult zien dat multitasking gemiddeld dubbel zo lang duurt. In groepen blijkt dat één persoon op drie fouten maakt bij het multitasken. Iedereen voelt zich bovendien meer gestrest.

Beeld je nu eens in wat er verloren gaat in het zwarte gat van multitasking als je voortdurend tussen verschillende taken heen en weer schakelt – niet tussen twee supereenvoudige taken, maar tussen niet-routinematige, complexe opdrachten enerzijds, en tientallen taken en klussen anderzijds. Het is doodjammer om te zien hoeveel efficiëntie, productiviteit en creativiteit verloren gaat.

SERIEEL MULTITASKING
Enorm wisselverlies

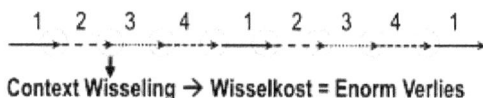

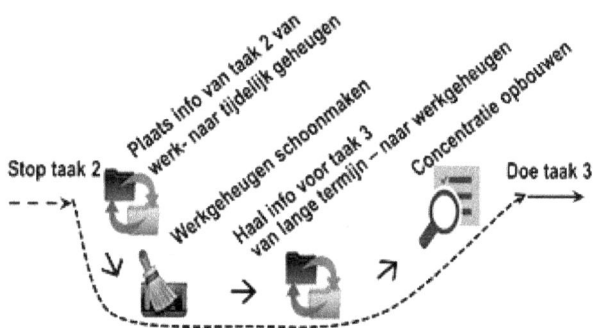

1 2 3 4 1 2 3 4 1

Context Wisseling → Wisselkost = Enorm Verlies

Stop taak 2

Plaats info van taak 2 van werk- naar tijdelijk geheugen

Werkgeheugen schoonmaken

Haal info voor taak 3 van lange termijn – naar werkgeheugen

Concentratie opbouwen

Doe taak 3

Elke onderbreking is een wissel

In open kantoren: 1 onderbreking per 2 minuten!
PRODUCTIVITEIT VERDWIJNT
IN HET ZWARTE GAT VAN MULTITASKEN

SERIEEL MULTITASKEN of taakwisseling

Laat me even uitleggen waarom multitasken zo inefficiënt is. Stel dat je jezelf concentreert op een moeilijke en complexe taak. Dat betekent dat je werkgeheugen deze taak verricht. Plots verschijnt er op je scherm een pop-upvenster om te melden dat je een e-mailbericht hebt ontvangen. Je leest de mail en ziet dat het om een eenvoudige vraag gaat die je snel kunt beantwoorden. Dat doe je dan ook.

Voor je brein is dat echter helemaal niet eenvoudig. Het moet nu alle complexe, rijke informatie van je werkgeheugen overbrengen naar je tijdelijke geheugen, je werkgeheugen goed schoonmaken (om te vermijden dat de twee taken elkaar hinderen) en de informatie voor je e-mail overbrengen van je langetermijngeheugen naar je werkgeheugen. Vervolgens moet je nog je concentratievermogen weer opbouwen om je e-mail te beantwoorden. Wanneer je terugkeert naar je oorspronkelijke taak, doorloopt je brein hetzelfde proces.

De gemiddelde kantoormedewerker die afgeleid wordt door één e-mail, kijkt zelden alleen naar die ene e-mail. Gemiddeld elf mails later keert de medewerker terug naar zijn oorspronkelijke taak. En voor elke e-mail doorloop je datzelfde proces. Je begrijpt dus wel dat dit veel tijd en energie vraagt. Je tijdelijke geheugen heeft ook een beperkte capaciteit en werkt volgens het principe 'het eerst erin, het eerst eruit', waardoor de informatie van je moeilijke en complexe taak wordt weggedrukt – vooral als je het zo druk had dat je archiverende brein de kans niet had om ze goed op te slaan. Je begrijpt wel dat er zo heel wat informatie verloren gaat, wat nog meer stress veroorzaakt.

En erger nog: hoe groter het verschil tussen de contexten waartussen je wisselt, hoe groter het verlies aan informatie en efficiëntie.

SIMULTAAN MULTITASKING
enorm verlies van tijd, informatie en energie
Bijvoorbeeld: e-mails schrijven tijdens een conferencecall

Probleem 1: voortdurend WISSELEN
Verlies van energie, geheugen, reflectie, creativiteit, inzicht...

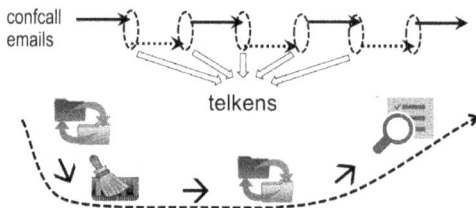

telkens

Probleem 2: Partiële aandacht = ILLUSIE
Je denkend brein kan slechts aan EEN zaak aandacht geven
Je hoort NIETS van wat gezegd wordt terwijl je e-mailt
De realiteit van wat je doet is GEBROKEN aandacht

Probleem 3: Brein raadt wat ontbreekt = GOK
Je brein probeert gaten te vullen door te raden, te gokken.
Je herinnert zaken die NIET gezegd werden terwijl je mailde
Het gokt soms juist en versterkt zo je partiële aandacht illusie

SIMULTAAN MULTITASKEN
of twee dingen tegelijk doen

Als je aan simultaan multitasken doet – bijvoorbeeld e-mails schrijven terwijl je deelneemt aan een conferencecall – switch je voortdurend van de ene taak naar de andere, tussen twee verschillende contexten. Zo gaat informatie en energie verloren, verhoogt je stressniveau en maak je meer domme fouten.

Erger nog: de meeste mensen denken dat ze gedeeltelijk kunnen focussen op één taak en tegelijkertijd met iets anders bezig kunnen zijn. Je denkende brein kan echter slechts één taak tegelijk aan. Het gevolg: **je aandacht wordt niet verdeeld, maar gebroken.** Terwijl je een e-mail schrijft, **hoor je NIET wat er gezegd wordt** tijdens de conferencecall. De personen met gebroken aandacht herken je gemakkelijk, omdat ze vragen stellen die al gevraagd of zelfs beantwoord zijn. Denken dat je je aandacht kan geven aan zowel de conferencecall als de e-mail is een zinsbegoocheling. Denken dat je je aandacht kan geven aan zowel de conferencecall als de e-mail is een zinsbegoocheling. In een vergadering is die illusie niet zo erg, maar verder zal ik aantonen dat dit zinsbedrog op het werk en op de weg levensgevaarlijk kan zijn.

Maar het wordt nog erger ... Ons brein houdt namelijk niet van zulke plotse onderbrekingen in de informatiestroom, en zal ze dus proberen op te vangen door te gissen. Resultaat? **Je hoort zaken die nooit gezegd zijn.** Als je vertrouwd bent met het onderwerp van de conferencecall en als je de mensen die eraan deelnemen goed kent, zullen je hersenen soms juist gissen, waardoor je de illusie versterkt dat gedeelde aandacht effectief werkt. Je brein zal echter vaker dan je denkt fout gokken. Je hoort dan conclusies, verklaringen en afspraken die nooit ter sprake zijn gekomen.

EERSTE GEBOD

ROEI WISSELINGEN UIT
RADICAAL EN GENADELOOS

Conclusie voor de moderne Homo Interruptus: ELIMINEER WISSELINGEN radicaal en meedogenloos

Je denkende brein kan ongelofelijk veel, maar er is één ding dat het niet kan: multitasken. Het kan alleen aandacht besteden aan één ding tegelijk. Je kunt onmogelijk twee cognitieve taken tegelijk uitvoeren. Probeer je dat toch, dan zul je voortdurend de verschillende taken afwisselen. Informatie jongleren kost je een pak tijd en energie, en komt je geheugen, creativiteit en productiviteit niet ten goede. Bovendien veroorzaakt het heel wat stress.

Verder in dit boek leg ik uit dat de mogelijkheid om altijd online te zijn fantastisch is voor je breinwerk, maar dat effectief altijd online zijn desastreus is voor de kwaliteit en kwantiteit van je intellectuele werk. De voornaamste reden is dat altijd online zijn dé belangrijkste oorzaak is van voortdurend multitasken.

Bovendien gaat de aandacht van je brein rechtstreeks naar wat je primitieve reflexbrein belangrijk acht, en niet noodzakelijk naar wat je rationele denkende brein belangrijk vindt. Als je niet beantwoordt aan de behoeften van je denkende brein, zal je reflexbrein maar al te vaak beslissingen nemen voor jou.

De remedie is eenvoudig, maar vaak moeilijk om in de praktijk te zetten: *taakwisselingen radicaal en genadeloos uitroeien*. Dat vergt een flinke dosis creativiteit en aanvankelijk een beetje discipline en wilskracht, maar zodra je dit systematisch doet, kun je rekenen op enorme beloningen. Kortom, wil je het beste halen uit je denkende brein? Ruim dan alle onderbrekingen uit de weg. Dat doe je voornamelijk door regelmatig je ICT uit te schakelen. Vermijd ook in open kantoren te werken, waar je regelmatig afgeleid wordt.

Archiverend Brein

Je archiverende brein en je denkende brein hebben nood aan PAUZES

Je archiverende brein gebruikt hetzelfde werkgeheugen of dezelfde" breincomputer" als je denkende brein. Je archiverende brein is voortdurend actief en gebruikt ook de allerkleinste processorruimte, die je denkend brein niet gebruikt, om zijn werk te doen. Het kan enkel archiveren wanneer je denkende brein vertraagt of pauzeert, en beter nog, terwijl jij slaapt.

Elk zogenaamd 'verloren moment' bezig zijn op je smartphone, tablet of computer is dan ook erg contraproductief en zelfs schadelijk voor de ontwikkeling van je kennis en inzichten. Een doodsteek voor je creativiteit zelfs. Wanneer ik mijn deelnemers vraag waar en wanneer hun meest creatieve ideeën of plotse inzichten ontstaan, dan is dat vaak tijdens het joggen, onder de douche of in bed. Het werk hoort daar nooit bij. Wat hebben al deze situaties gemeen?

1. De personen namen de tijd voor studie en reflectie, en konden daarbij steunen op kennis die in hun langetermijngeheugen werd opgeslagen. En het is net die tijd om na te denken die verloren gaat als je altijd online bent.

2. Ze waren ontspannen: hun archiverende brein had voldoende 'processortijd' om informatie te vinden en te herschikken. Altijd online zijn, heeft ook hier een negatief effect.

3. Ze waren losgekoppeld, dachten dus niet bewust na over het probleem of vraagstuk in kwestie.

Nietzsche zei ooit: "Alle goede ideeën komen bij het wandelen." En als Steve Jobs net zo verkleefd was geraakt met zijn iPhone als jij, dan zou hij die iPhone nooit hebben uitgevonden.

SLAAP: een van de belangrijkste bronnen van intellectuele productiviteit, creativiteit en gezondheid

Je hebt voldoende slaap nodig

- om fysiek te herstellen;
- om je denkende brein nieuwe energie te geven;
- om je archiverende brein in staat te stellen alle informatie te ordenen en op te slaan die je tijdens de dag opgenomen hebt;
- om nieuwe hersencellen te ontwikkelen (vooral voor je langetermijngeheugen) en nieuwe verbindingen tussen deze cellen te leggen;
- om de afvalstoffen die je brein gedurende de dag heeft aangemaakt af te breken en te verwijderen;
- om je emoties te verwerken en je emotionele stabiliteit te handhaven of te herstellen;
- om processen te activeren waarvoor tijdens de dag onvoldoende energie over is, zoals groei, reparatie, verjonging, herstel van je immuunsysteem en nog veel meer.

De meeste mensen hebben zeven à acht uur slaap nodig om optimaal te functioneren. Je biologische klok heeft voldoende slaap nodig om de werking te regelen van tientallen hormonen die je gewicht, bloedsuikerspiegel, groei, hart, voortplanting enzovoort reguleren.

Als je onvoldoende slaapt, kan het zijn dat je lichaam het nog redt omdat het voornamelijk herstelt in de eerste helft van de nacht, maar je archiverende brein zal het meest lijden omdat het meer in de tweede helft van je slaap actief is, en het is net dat deel dat je verliest als je niet voldoende slaapt. Later leg ik twee manieren uit om te ontdekken hoeveel slaap je **écht** nodig hebt.

Bijkomende tips om gezonde slaapgewoonten te ontwikkelen vind je in mijn boek 'Ontketen je brein'.

HAAST en SPOED

de grootste vijanden
van ons denken

DE SNELHEID VAN JE PRIMITIEVE REFLEXBREIN kan je rationele denkvermogen in het gedrang brengen

Het reflexbrein is een volkomen reactief, door prikkels gedreven systeem en een momentopname omdat zijn conclusies uitsluitend zijn gebaseerd op het eigenste moment, op je zintuiglijke ervaringen in het hier en nu. Het 'Zintuiglijk Nu' is het enige wat ervoor bestaat.

Je primitieve reflexbrein reageert veel sneller dan je denkende brein omdat het inputs van al je zintuigen tegelijkertijd kan verwerken. Om dat te verwezenlijken, steunt het op tal van genetische snelkoppelingen en aangeleerde gewoontes. Dat was in de evolutie van de mensheid een groot voordeel voor onze voorouders in hun strijd op leven en dood. In de jungle van de eenentwintigste eeuw is het echter een handicap. Als je het denkende brein geen kans geeft om de snelle conclusies van het reflexbrein te controleren, kun je heel wat irrationele vergissingen maken.

Je reflexbrein stelt je ook in staat om heel wat complexe, automatische handelingen te ontwikkelen, zoals pianospelen, autorijden enzovoort. Een probleem voor breinwerkers is echter dat de aandacht van je reflexbrein onbewust getrokken wordt door nieuwe of plotse zintuiglijke veranderingen. Op het werk, voornamelijk dingen die je ziet en hoort, Dat verstoort de bewuste aandacht die je denkende brein nodig heeft en de tijd die je archiverende brein vergt om informatie op te slaan in je geheugen. Bovendien krijgen we elke keer dat een prikkel de aandacht van ons reflexbrein trekt een kleine dosis dopamine in onze hersenen. Dopamine is een soort amfetamine en werkt net als een drug, die ons aanspoort om meer van deze prikkels te zoeken – waaraan we zelfs verslaafd kunnen raken.

Reflexbrein
Onbewust, HIER EN NU, zeer SNEL
Alle zintuigen TEGELIJK
STIMULUS gedreven

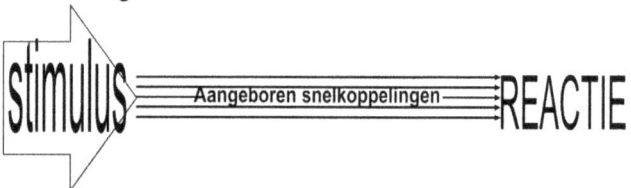

stimulus ——— Aangeboren snelkoppelingen ——— REACTIE

Het eerste geheim achter de snelheid van je reflexbrein: AANGEBOREN SNELKOPPELINGEN

Je reflexbrein is snel vanwege het 'Zintuiglijk Nu Is het Enige', maar evengoed omdat het gebruikmaakt van aangeboren shortcuts in de vorm van cognitieve biases en heuristieken. Het is nuttig om deze nader te bekijken – niet alleen omdat ze je vaak aansporen om domme beslissingen te nemen, maar ook omdat marketeers, appontwikkelaars en voornamelijk sociale-mediakanalen erop steunen om je aan het scherm gekluisterd te houden, je meer geld te doen uitgeven en je zo veel mogelijk persoonlijke informatie te ontfutselen.

Wetenschappers hebben er meer dan honderd beschreven. Een paar voorbeelden:

Wist je dat je reflexbrein, wanneer je tussen drie soortgelijke producten met drie verschillende prijzen moet kiezen, automatisch de middelste prijs laat kiezen en dat je denkende brein daar meestal mee akkoord zal gaan? Je kunt je voorstellen hoe gemakkelijk het is voor verkopers om deze bias te gebruiken – of te misbruiken. Wist je dat managers door hetzelfde onbewuste mechanisme tot heel verschillende beslissingen komen wanneer ze eerst een aankoop van een miljoen euro bespreken en vervolgens een aankoop van enkele tienduizenden euro's, dan wanneer ze het in de omgekeerde volgorde doen?

De bias van de onmiddellijke bevrediging spoort je aan om de onmiddellijke beloning te kiezen zonder rekening te houden met de kost op lange termijn. Het mechanisme of de bias van de verzonken kost spoort je dan weer aan om meer geld uit te geven nadat je in iets geïnvesteerd hebt, zelfs als het een foute beslissing lijkt. De bias van de schaarste zal je wens om iets te kopen vergroten als de verkoper zegt dat het de laatste stuks zijn. De biasbias ten slotte laat je denken dat je minder snel beïnvloed wordt door biases dan andere mensen.

Van traag denken naar snelle reflexen via véél oefenen

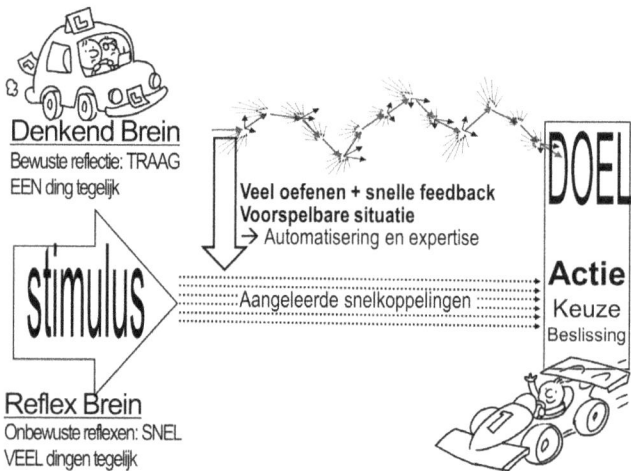

Denkend Brein
Bewuste reflectie: TRAAG
EEN ding tegelijk

Veel oefenen + snelle feedback
Voorspelbare situatie
→ Automatisering en expertise

stimulus

Aangeleerde snelkoppelingen

DOEL

Actie
Keuze
Beslissing

Reflex Brein
Onbewuste reflexen: SNEL
VEEL dingen tegelijk

Het tweede geheim achter de snelheid van je reflexbrein: AANGELEERDE SNELKOPPELINGEN en gewoontes

Als je leert autorijden, wordt in het begin alle informatie over wat je moet doen door je denkende brein verwerkt. Maar dat brein kan slechts één taak tegelijk aan. Als je dus denkt aan remmen, vergeet je te ontkoppelen, als je denkt aan ontkoppelen, vergeet je in je spiegel te kijken enzovoort. Aanvankelijk voel je je hopeloos, overweldigd door het gevoel dat er te veel dingen zijn om tegelijk aan te denken, en blijf je zitten met het idee dat je het nooit zult leren. En als je alleen maar over je denkende brein zou beschikken, zou je er inderdaad nooit iets van terechtbrengen.

Maar als je blijft oefenen, na veel frustrerende uren, veel fouten en directe feedback zoals een afslaande motor, ontwikkelt je reflexbrein geleidelijk aangeleerde snelkoppelingen of een nieuwe gewoontes.

De bewuste kennis van je denkende brein wordt geleidelijk overgedragen naar je reflexbrein, zodat het autorijden een onbewuste routine, een gewoonte wordt. Je reflexbrein kan heel snel al die verschillende inputs op hetzelfde moment verwerken, zodat je kunt autorijden terwijl je denkende brein in de achtergrond klaar staat voor niet-routinematige en onverwachte zaken zaken, of zelfs met iets heel anders bezig is.

Diezelfde overdracht naar ons reflexbrein gebeurt met honderden dagelijkse routines, zodat we ze kunnen doen zonder dat we erover moeten nadenken.

Dat systeem werkt zo goed dat veel mensen zelfs denken dat ze veilig kunnen autorijden of fietsen terwijl ze telefoneren, maar dat is een heel gevaarlijke vergissing. Later meer daarover.

EMOTIES zijn krachtige, SNELLE REFLEXEN die je denkende brein na de feiten etiketteert

In het algemeen blokkeren intense emoties het denkende brein en leiden ze ons af van ons doel. Het reflexbrein neemt over met louter aandacht voor de nu aanwezige prikkels, met onder meer automatische reacties tot gevolg. Dat is een uitstekend mechanisme wanneer er bliksemsnelle actie nodig is, maar het kan een probleem vormen wanneer enig nadenken tot veel betere keuzes, beslissingen en handelingen zou leiden.

Wat vaak gebeurt, is dat een bepaalde situatie eerst een emotionele reflex in onze hersenen oproept en daarna in de rest van ons lichaam (bv. hartkloppingen, rood aanlopen, beven, gespannen spieren). Het denkende brein wordt zich pas later bewust van deze sensaties en benoemt deze reacties met enig uitstel als een emotie, bijvoorbeeld woede. Je snelle reflexbrein kan echter al een gedragsreactie veroorzaken nog voor je tragere denkende brein zich bewust wordt van deze gevoelens.

Je reflexbrein beïnvloedt je gedrag dan ook vaker dan het zou moeten. Bovendien heeft ons denkende brein energie nodig en wordt het snel moe. Daardoor vermindert zijn bijsturend effect op emoties in de loop van de dag, en worden de rauwere basale emoties van het onvermoeibare reflexbrein – zoals agressie en angst – in de avond sterker, vooral als we onvoldoende pauzeren, moe zijn na lang in een open kantoor te hebben gewerkt of niet genoeg slapen.

Gelukkig ontwikkelen we op grond van een consequent volgehouden opvoeding en onze levenservaring aangeleerde snelkoppelingen – gewoontes – die ons helpen om onze emotionele reflexreacties en ons gedrag bij te sturen, te controleren of zelfs te beheersen.

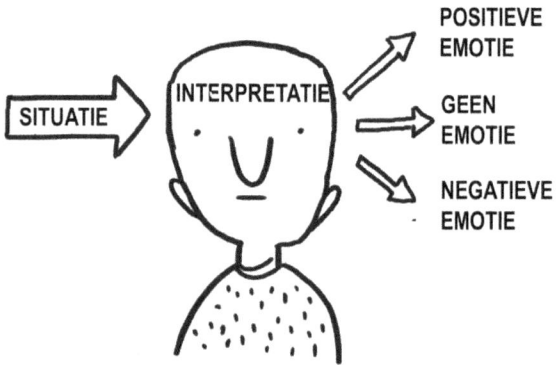

SITUATIE → INTERPRETATIE → POSITIEVE EMOTIE / GEEN EMOTIE / NEGATIEVE EMOTIE

EMOTIES worden ook UITGELOKT DOOR JE DENKENDE BREIN

Soms is je denkende brein zelf de bron van een emotie. Vaak lokt de manier waarop je een bepaalde situatie evalueert je gedrag uit, samen met je emotionele en lichamelijke reacties.

Vat je een opmerking van je baas op als agressieve en onterechte kritiek van een pretentieuze streber, dan is de kans groot dat je je boos zult voelen, dat je hart sneller gaat kloppen en dat je bloeddruk stijgt, en dat je je defensief of vijandig tegenover hem zult gedragen. Om je boos te voelen, is het niet eens nodig dat je baas daarbij aanwezig is. Het is mogelijk dat je pas later boos wordt, wanneer je nadenkt over wat er is gebeurd of je verhaal doet bij je partner. Het is ook mogelijk dat je je opnieuw boos voelt wanneer je maanden later terugdenkt aan het incident.

Als je zijn opmerking als goed bedoeld had opgevat – bijvoorbeeld als een normale reactie van een heel onzekere persoon – dan zou je je heel anders hebben gevoeld, zou de stress minder zijn geweest of helemaal zijn uitgebleven en zou ook je gedrag heel anders zijn geweest, misschien zelfs steunend.

Een goede acteur die zich inleeft in zijn rol kan de emoties voelen die bij de rol passen, gewoon door zichzelf in te beelden in die situatie.

Het inzicht dat gedachten gevoelens veroorzaken, evenals fysiologische reacties en gedrag, vormt de basis voor een indrukwekkende hoeveelheid onderzoek op het terrein dat bekend staat als de cognitieve psychologie.

Als je twee breinen met elkaar wedijveren, is het DENKENDE BREIN DE "UNDERDOG"

Meestal werken de twee breinen goed en nuttig met elkaar samen. Het reflexbrein is op zijn best in vertrouwde routinesituaties. Het komt dan heel snel met een antwoord en laat het aan het denkende brein over om dat antwoord al of niet over te nemen. De manier waarop het reflexbrein met routines omgaat – het zet ze om in gewoontes – geeft ons denkende brein ruimte voor reflectie. Ook kunnen ze samen multitasken, maar later meer daarover.

Soms wedijveren de twee breinen met elkaar. Denk aan een beroepsvoetballer, bijvoorbeeld, die niet moet nadenken over het passen van een bal. Na lang trainen, is dit een erg geavanceerde en onbewuste routine geworden. Maar als hij een paar keer faalt en zich zorgen begint te maken, gaan de negatieve gedachten van het denkende brein het reflexbrein in de weg staan en gaan handelingen verkeerd die tot dan toe vloeiend verliepen.

Aan de andere kant, en van meer belang voor je intellectuele productiviteit, neemt het snelle reflexbrein bij intellectuele taken vaak een voorsprong op het denkende brein. Dat gebeurt vooral als we voortdurend online zijn, als we multitasken of als ons denkende brein vermoeid is. Ons denkende brein gebruikt veel energie, zodat het snel uitgeput kan raken, terwijl het reflexbrein onvermoeibaar is. Als gevolg van deze handicap is ons reflexbrein er snel bij om de touwtjes in handen te nemen als we moe zijn. Dat is een nieuwe variant van het verhaal van de schildpad en de haas: met het belangrijke verschil dat deze haas nooit slaapt en de schildpad wel.

Altijd verbonden
Denkend brein

Primitieve
Reflex brein

BESLISSING

Draag goed zorg voor je denkende brein, of je PRIMITIEVE REFLEXBREIN ZAL HET VERSLAAN

Als je niet bewust de tijd neemt om na te denken, zal je reflexbrein gissen – en vaak fout gissen – vooral als je gehaast of gestrest bent. Dat leidt tot snelle, maar primitieve en in het slechtste geval domme conclusies en beslissingen. Herinner je je de biases waar we het eerder over hadden? Hieronder volgen nog enkele voorbeelden:

Door de **beschikbaarheidsbias** overschat je de kans op een zeldzame gebeurtenis: je zult bijvoorbeeld meer schrik hebben voor een terreuraanval (een kans van 1 op 2.000.000.000) dan voor een auto-ongeluk (een kans van 1 op 15.000). De **kuddegeest** leidt tot groepsdenken, ook als dat geen slimme keuze is, en onze aangeboren **afkeer van verlies** zorgt ervoor dat je bijvoorbeeld een slechte investering of beslissing niet kunt loslaten zelfs als daar een goede reden voor is.

Als we niet voorzien in de behoeften van ons denkende brein, als we het misbruiken of gekluisterd laten in de breinboeien die ik later nog zal beschrijven, dan neemt het reflexbrein het over. Dat maakt het nemen van beslissingen in ongecompliceerde en voorspelbare situaties, die we uit ervaring goed kennen, veel sneller en eenvoudiger. Maar het zal tot rampzalige beslissingen leiden als de situatie nieuw of zeer complex en onvoorspelbaar is, of als er voor de beslissing cijfermatige gegevens of statistieken van belang zijn. Dat vormt een probleem in een op snelheid gerichte werkomgeving waar geen tijd is voor reflectie, waar mensen altijd online zijn en waar elke pauze wordt gebruikt om nieuwe informatie van een schermpje te zwelgen.

MULTITASKING
Kan in samenwerking tussen denkend en reflexbrein

Terwijl ons **Reflex brein** onbewust routines uitvoert

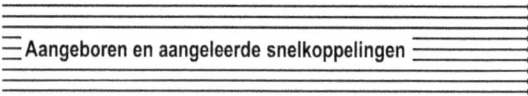

Aangeboren en aangeleerde snelkoppelingen

Kan ons **Denkend brein** aandacht geven aan niet-routinezaken

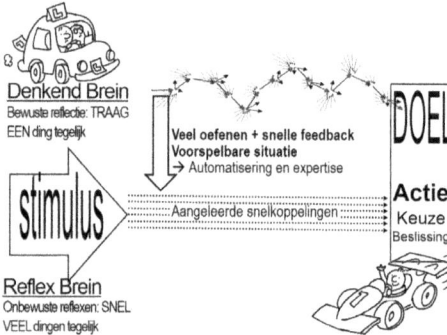

Denkend Brein
Bewuste reflectie: TRAAG
EEN ding tegelijk

Veel oefenen + snelle feedback
Voorspelbare situatie
→ Automatisering en expertise

stimulus

Aangeleerde snelkoppelingen

DOEL

Actie
Keuze
Beslissing

Reflex Brein
Onbewuste reflexen: SNEL
VEEL dingen tegelijk

Multitasken? Dat kan alleen als je DENKENDE BREIN EN JE REFLEXBREIN SAMENWERKEN

Heb je uit de vorige hoofdstukken afgeleid dat je denkende brein wel degelijk kan multitasken op voorwaarde dat het samenwerkt met je reflexbrein? Dat klopt! Je reflexbrein neemt dan de routinetaken voor zijn rekening, terwijl je denkende brein aandacht besteedt aan andere zaken.

Als je piano leert spelen, kost het je honderden uren oefenen voordat je met beide handen verschillende dingen kunt doen. Als het reflexbrein dat onderdeel eenmaal heeft overgenomen, hoef je niet meer na te denken over hoe je de juiste vingers op de juiste toetsen moet zetten en kan je denkende brein zich volledig op de interpretatie concentreren. En na nog enkele honderden uren spelen, hoef je er ook niet meer over na te denken hoe je het stuk wilt laten klinken. Het komt dan echt 'uit de onderbuik' (= reflexbrein). Je kunt zelfs zo goed worden dat negatieve emoties na een ontregelende gebeurtenis in je persoonlijke leven maar weinig afbreuk doen aan je uitvoering.

Je denkende brein kan zelfs met andere zaken bezig zijn of blijft in stand-by om de routine nog te verbeteren of om onverwachte zaken op te vangen, bijvoorbeeld tijdens het autorijden

Wanneer het niet in stand-by staat omdat je bezig bent met je telefoon, bijvoorbeeld, kun je een ongeval veroorzaken. Je denkende brein kan zelfs op iets totaal anders focussen. Daarom is het mogelijk om te breien terwijl je tv-kijkt, tot je een steek laat vallen en net het moment mist waarop de heldin wordt gekust! Waarom? Omdat je denkende brein zich slechts op één zaak tegelijk kan concentreren.

Vijf
breinboeien

Altijd verbonden **kunnen zijn** is een zegen voor ons breinwerk !

- ✓ **Meer vrijheid: jij kiest zelf**
- ✓ Je **kunt** beschikbaar zijn
- ✓ Als je wilt, met wie je wilt, waar je wilt

Altijd verbonden **zijn** is een ramp voor ons breinwerk!

- ✓ **Minder vrijheid, geen keuze**:
- ✓ Je **MOET*** beschikbaar zijn,
- ✓ Voor iedereen, overal en altijd
  (*subjectief)

BREINBOEI nr.1: ALTIJD ONLINE ZIJN

De voornaamste oorzaak van gebrek aan efficiëntie

De *mogelijkheid* om altijd online te zijn is fantastisch voor ons breinwerk, maar het is een regelrechte ramp als we effectief altijd online zijn.

Dankzij de moderne technologie kunnen we altijd en overal online zijn, met de implicatie dat we zelf kunnen kiezen waar en wanneer we online willen zijn. Als deze fantastische nieuwe technologieën goed worden gebruikt, kunnen ze ons inderdaad helpen om effectiever en efficiënter te werken en met meer mensen in contact te zijn. De werkelijkheid is echter dat de meeste professionals zijn overgestapt van 'waar en wanneer je maar wilt' naar 'overal en altijd'. De vrijheid om te kiezen is verdwenen. Mensen hebben het gevoel dat ze altijd en overal online *moeten* zijn. Altijd online zijn is een slechte gewoonte geworden, en in sommige gevallen zelfs een heuse verslaving.

Het belangrijkste gevaar voor professionals is dat hyperconnectiviteit bijzonder schadelijk is voor reflectie, grondige studie, echte gesprekken en discussies. Onze intellectuele prestaties lopen daardoor aanzienlijk terug. Je succes als professional hangt niet af van je vermogen om informatie te consumeren, maar van de manier waarop je informatie intelligent verwerkt, produceert en creëert.

Als je voortdurend bezig bent je berichten en e-mails te beantwoorden, je voicemails te beluisteren en je socialemediakanalen te checken, en dan nog eens non-stop de nieuwsberichten volgt, heeft je brein noch de tijd noch de ruimte om deze informatie te verwerken, ze op te slaan in je geheugen, met je ideeën te spelen, creatief te zijn en na te denken.

We worden

ADHOCRATEN

in

ADHOCRATIEËN

of adhoc-ratten?

In de plaats van bureaucraten in bureaucratiën

13 PROBLEMEN veroorzaakt door het altijd online zijn (AOL)

1. *AOL is een massaverstrooiingswapen.* Om intellectueel productief te zijn, moeten we iets onze onverdeelde aandacht kunnen geven en ons denkende brein beschermen tegen afleidingen (meer hierover verderop).

2. *AOL zet je brein in een constante, impulsieve reactiemodus.* Je reflexbrein krijgt de overhand, en je beslissingen worden ad hoc momentopnames die minder doelgericht en nauwkeurig zijn dan de beslissingen vanuit je denkende brein.

3. *AOL staat soms het saaiere, maar vaak veel belangrijkere denkwerk in de weg,* waaronder vooruitdenken, uitvoerig denken, een onderwerp grondig uitspitten en onthouden.

4. *AOL maakt werknemers tot 'adhocraten' (of is het 'adhocratten'?) en hun organisaties tot 'adhocratieën' (ter vervanging van bureaucraten en bureaucratieën).* Plotse, ondoordachte ad hoc reacties die niet steunen op reflectie brengen reflectie en planning in het gedrang.

5. *AOL doet je bezwijken voor de cognitieve biases en heuristieken* van je primitieve reflexbrein.

6. *AOL dwingt je tot multitasken,* wat je productiviteit, geheugen en creativiteit aantast – en ook nog eens stress veroorzaakt.

7. *AOL veroorzaakt ongelukken thuis, op het werk en op straat* omdat je maar aandacht kunt besteden aan één zaak tegelijk, en dus de wereld rondom je heen negeert terwijl je bezig bent met je ICT.

Een revolutie in de evolutie
Gestopt door altijd verbonden te zijn

8. *AOL leidt tot een overdaad aan informatie.* Je neemt niet langer de tijd om alle input te verwerken en je eigen ideeën te ontwikkelen. Dat leidt tot een overdaad aan informatie die je brein niet langer kan assimileren in de beschikbare tijd, waardoor het onmogelijk wordt om doordachte keuzes te maken en beslissingen te nemen. Dit verergert het subjectieve gevoel van overbelasting , veroorzaakt een chronische hersenstress in de achtergrond en kan erg demotiverend zijn.

9. *AOL vergt heel wat energie, die bijgevolg niet langer beschikbaar is voor reflectie.* Een continue stroom van kleine, onbelangrijke beslissingen vergt evenveel mentale energie als één grote, belangrijke beslissing. Laat je alles over aan je reflexbrein, dan stel je belangrijke beslissingen uit of maak je de makkelijkste, meest primitieve, irrationele, impulsieve en ronduit slechte keuzes. De slechtste beslissingen, keuzes, fouten en handelingen gebeuren dan ook 's avonds, vooral als je niet voldoende pauzeert of in een open kantoor werkt.

10. *AOL neemt de 'lummeltijd' weg die je archiverende brein nodig heeft om informatie op te slaan en te ordenen.* Als je denkende brein voortdurend op volle capaciteit werkt, heeft je archiverende brein niet genoeg breinkracht om alle informatie op te slaan of om creatieve ideeën te ontwikkelen.

Voortdurend bezig zijn met je smartphone en alle beetjes 'verloren' tijd opvullen met kleine taakjes is dan ook absoluut niet slim – het is zelfs heel dom.

Geen brede, strategische
HELIKOPTER-VISIE

Maar een enge, gestreste, operationele
SPRINKHAAN-VISIE

11. *AOL verpest échte gesprekken, relaties, discussies en ver-gaderingen.* Enerzijds stelt je fantastische technologie je in staat om in contact te staan met mensen van wie je houdt of die je nodig hebt, altijd en overal. Anderzijds staat het altijd online zijn echte gesprekken en relaties in de weg. Sommigen zijn ervan overtuigd dat ze een gesprek kunnen volgen terwijl ze hun e-mails lezen en beantwoorden. Zoals ik eerder al uitlegde, is dat een waanidee.

12. *AOL verpest ook "off-site" vergaderingen.*, Voor veel managers is het onmogelijk afstand te nemen van de dagdagelijkse operationele beslommeringen, en bewust de 'werkplek in hun zak' uit te schakelen. Het resultaat is een gefragmenteerd 'sprinkhaanperspectief', in plaats van het ruime helikopterperspectief dat ze nodig hebben. Hun pauzes vullen ze met het opslorpen van pietluttige informatie, terwijl de belangrijke informatie niet goed wordt opgeslagen. Hun creativiteit wordt aangetast en ze verwaarlozen de relatie met hun teamleden.

Tot slot, maar daarom niet minder belangrijk:

13. *AOL doet je de controle over je leven verliezen.* Bij elk gezoem en elke beltoon verdwijn je in je virtuele wereldje. Je kiest niet langer zelf om die wereld binnen te stappen, maar de virtuele wereld maakt die keuze voor jou. Je bent nooit 100% aanwezig en je denkende brein is nooit ten volle betrokken. Je productiviteit is laag en je relaties zijn oppervlakkig.

10 redenen waarom het ZO MOEILIJK IS OM OFFLINE TE GAAN een gewaarschuwd mens telt voor twee

1. Het is leuk om online te zijn. Telkens wanneer je reageert op een bericht, krijg je een kleine, heel kortdurende dopaminekick in je hersenen. Dopamine is het 'plezierhormoon'. Dat verklaart ook waarom zo veel mensen online gaan als ze zich een beetje verdrietig voelen. Wanneer je je ten volle concentreert op één enkele taak, krijg je die dopaminekick niet. Focussen kost energie, maar wanneer je een taak goed afgewerkt hebt, voel je je tevreden en dat gevoel duurt veel langer Het probleem is echter dat onmiddellijk plezier het gewoonlijk wint van langdurige tevredenheid.

2. We zijn van nature ingesteld op onmiddellijke bevrediging. Voortdurend online zijn kan je een continue directe bevrediging schenken – van je behoefte aan iets nieuws, aan actie, aan plezier, aan nodig zijn, aan je belangrijk voelen enzovoort.

Erin slagen om bevrediging uit te stellen, is echter heel belangrijk voor je succes in het leven. In zijn wereldberoemde experiment toonde onderzoeker Walter Michel overtuigend aan dat kinderen die rond de 4 à 6 jaar in staat waren om bevrediging uit te stellen, uitgroeiden tot volwassenen met hogere scores op school en minder risico op obesitas, drugsverslaving en een echtscheiding.

3. We zijn van nature ingesteld op het ontwikkelen van gewoontes. Het voordeel van het gemakkelijk ontwikkelen van gewoontes is dat ze ons leven veel eenvoudiger maken, zodat we in allerlei situaties zuiniger kunnen handelen zonder na te denken. Het misbruik van onze continue ICT-verbinding is gedeeltelijk te wijten aan het feit dat het een gewoonte is geworden. We denken er dan ook niet over na, wat het moeilijk maakt om er iets aan te veranderen.

4. We zijn van nature ingesteld op conditionering. De honden van Pavlov begonnen niet alleen te kwijlen in aanwezigheid van voedsel, maar ook zodra de laboratorium assistent verscheen van wie ze dat voedsel gewoonlijk kregen. Dat was het resultaat van een geconditioneerde reflex. Pavlov formuleerde later de hypothese dat alles wat samen met het voedsel werd gepresenteerd deze reactie kon uitlokken, zelfs als er helemaal geen voedsel aanwezig was. Hetzelfde gebeurt met het geluid van je telefoon, of wanneer verveling de kop opsteekt. Deze prikkels zorgen ervoor dat je wat je ook aan het doen bent, laat liggen en je telefoon pakt. Een belangrijke klus, een gesprek, een gezinsactiviteit – kortom, het echte leven – zal deze Pavlovreflex om online te gaan niet tegenhouden.

5. We zijn ingesteld op snelle reacties in plaats van trage reflectie. Wanneer onze prehistorische voorouder oog in oog kwam te staan met een sabeltandtijger zou een neiging om te reflecteren fataal zijn geweest. Vandaag is het eerder omgekeerd: niet reflecteren kan nefast zijn.

6. We zijn ingesteld op gevaar. Signalen van mogelijk gevaar leggen veel meer beslag op je aandacht dan signalen van pais en vree. Telkens wanneer we een verontrustende e-mail of boodschap ontvangen – of nieuws dat ons waarschuwt voor dreigend gevaar – versterkt dat ons verlangen om onze e-mails te checken. Hoe angstiger je bent, hoe vaker je dit zult doen.

7. We zijn ingesteld op nieuwsgierigheid. Als explorerende reactie op nieuwe objecten is nieuwsgierigheid in evolutionaire termen al heel lang een menselijke eigenschap, die door het reflexbrein wordt aangestuurd en geen grote inspanning vergt. Nieuwsgierigheid is belangrijk om te overleven. Bovendien stimuleert ook het vinden van iets nieuws de productie van dopamine in de hersenen

8. We zijn ingesteld op verslaving. Als je gewoonte een verslaving is geworden, ben je de controle over je gewoonte kwijt. Je gewoonte is je de baas geworden. Je moet het doen, zelfs als het een schadelijk effect heeft op aspecten van je leven die belangrijker zijn. Door het te doen, voel je jezelf beter. Je hersenen produceren dopamine, waardoor je je goed voelt en ermee ophouden geeft je een slecht gevoel.

9. We hebben van nature behoefte aan samenhorigheid. Het is perfect normaal om te verlangen naar samenhorigheid, om aanvaard te willen worden door anderen die je belangrijk acht. Niemand wil afgewezen worden. Als je onzeker bent, zul je echter overdreven reageren met intense angstgevoelens bij zelfs de kleinste afwijzing. Herkenbaar? Dan heb je angst om uitgesloten te worden – vooral op sociale media, waar iemand je kan 'ontvrienden' met één enkele klik. (Ik noemde dat FOBE, Fear Of Being Excluded). In plaats van je dan los te maken van sociale media, ga je nog dwangmatiger checken, tevergeefs op zoek naar nog meer aanvaarding. Het risico op afwijzing wordt dan nog groter – kortom, een pijnlijke vicieuze cirkel. Marketeers en appontwikkelaars spelen ook in op dat angstgevoel.

Wees op je hoede voor het breinlokaas en de
breinvallen van app-ontwikkelaars en marketeers

10. We willen op de hoogte blijven van wat anderen zoal doen. De normale behoefte aan samenhorigheid kan ook evolueren tot een overdreven angst om iets te missen (het welbekende FOMO-syndroom, Fear Of Missing Out). Je hebt dan een constante vrees dat anderen lonende ervaringen hebben terwijl jij er niet bij bent. In de eindeloze informatiestroom zul je altijd wel iets missen. Als je onzeker bent, versterkt dat je angst. Je wilt voortdurend online zijn en weten wat anderen doen. Marketeers en appontwikkelaars spelen dan ook sluw in op die angst om je aan hun producten te kluisteren, zodat je altijd 'mee' bent.

Conclusie: een gewaarschuwd mens telt voor twee.

Deze neuropsychologische mechanismen bepalen je reacties niet, maar beïnvloeden de ontwikkeling ervan wel.

App-ontwikkelaars en marketeers zijn sluw en slim. Ze verleiden ons en zorgen ervoor dat we verslaafd raken aan hun producten. Ze manipuleren en bestelen ons.

Vaak zijn ze zich net als wetenschappers maar al te goed bewust van deze tien redenen die het zo moeilijk maken om offline te gaan. Samen met de resultaten van de beste neuropsychologische onderzoeken gebruiken ze deze tien redenen om je te verleiden, zodat je hun producten koopt en er verslaafd aan raakt. Je hiervan bewust zijn helpt om de knop om te draaien en vaker offline te gaan.

Als je het gewend bent om altijd online te zijn, zal het niet gemakkelijk zijn om te stoppen – zeker niet in het begin. Maar dat is geen excuus. Je moet proberen, zoals zovele anderen die er wel in geslaagd zijn.

BREINBOEI nr.2: MULTITASKING

11 redenen waarom het je productiviteit aantast

Ik herhaal het nog maar eens, luid en duidelijk: **je denkende brein kan niet multitasken**! Punt. Probeer je het toch, dan heeft het een bijzonder negatieve impact op je intellectuele productiviteit.

- Elke afzonderlijke taak neemt meer tijd in beslag door de onderbrekingen die de andere taken meebrengen.

- Elke taak vraagt veel meer tijd en het proces wordt langzamer, omdat de lei van je werkgeheugen bij elke wisseling moet worden schoongeveegd en klaargemaakt voor de volgende taak. De informatie uit de eerste taak moet in je tijdelijke geheugen worden geparkeerd om te voorkomen dat ze bij de tweede taak in de weg gaat zitten.

- Het verslechtert de kwaliteit van je werk aanzienlijk.

- Het zorgt ervoor dat je informatie uit het oog verliest en dat veel informatie nooit wordt opgeslagen door het voortdurende pendelen tussen werkgeheugen, tijdelijk geheugen en langetermijngeheugen.

- Het maakt dat je concentratievermogen afneemt, of dat het je veel meer energie kost als je geconcentreerd probeert te blijven.

- Het veroorzaakt veel meer domme fouten, die vaak meer tijd vragen om te herstellen dan wanneer je de zaken meteen goed doet. Zo verlies je nog meer tijd.

- Het doodt je creativiteit.

- Het veroorzaakt onveilig gedrag, zowel op het werk als op straat en thuis.

- Het maakt grondige studie en echte gesprekken – beide van levensbelang – onmogelijk.

- In aanwezigheid van anderen leidt het tot slecht luisteren en communiceren, en vaak is het gewoon onbeleefd.

- Het veroorzaakt meer stress...

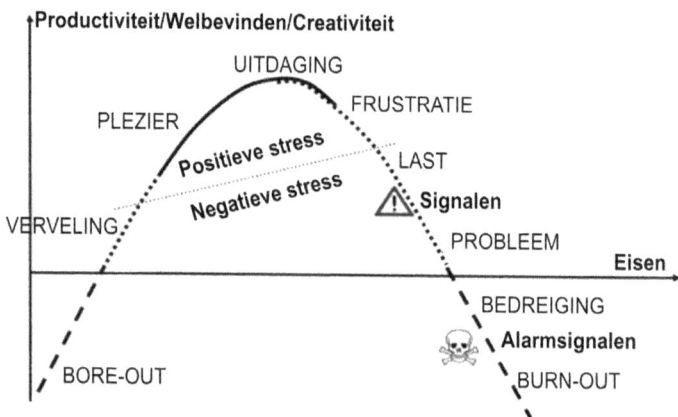

BREINBOEI nr.3: STRESS

Vriend en vijand van je intellectuele productiviteit

Hoe groter je veerkracht, hoe beter en gezonder je kunt omgaan met hoge eisen.

Je kunt de bron van stress niet altijd wegnemen – bijvoorbeeld als ze eigen is aan je job – maar je kunt wel proberen om je veerkracht ertegen te vergroten. Stress is bovendien een persoonlijk, subjectief fenomeen. Wat bij de een stress veroorzaakt, kan voor de ander een uitdaging of stimulans zijn. Als je stress als negatief ervaart, zul je sneller en vaker negatieve stress ervaren. Vergeet dus niet dat stress ook een positieve en stimulerende kant heeft. Je hebt een gezonde dosis stress nodig om op je best te functioneren. Stress kan immers je prestaties verbeteren, je aansporen tot samenwerking, je creativiteit voeden en je helpen je grenzen te verleggen en nieuwe oplossingen te vinden voor oude problemen.

Stress kan je beste vriend zijn, want met de juiste hoeveelheid druk op het juiste moment helpt stress je sneller en efficiënter te werken. Een gebrek aan stress leidt tot verveling en het gevoel dat je je vaardigheden niet ten volle benut. Een stressvrij leven is daarom niet de bedoeling. Wel moet je werken aan een gezond evenwicht tussen stress en veerkracht.

Het is overigens niet de stress op zich die ons ziek maakt, maar eerder de combinatie van stress en het gebrek aan hersteltijd. Gezonde stress is interval-stress. Voor je in een risicosituatie belandt, zijn er altijd psychologische en fysieke alarmsignalen die je waarschuwen dat je iets aan je stressbalans moet doen (meer over dit onderwerp vind je in mijn boek 'Stress. Vriend en vijand').

Slaapgebrek is erger dan je denkt

LICHAAM
- ✓ Suikertolerantie ↓ Schildklierhormoon ↓ Diabetes ↑
- ✓ Groeihormoon ↓ Cortisol ↑ Immuunsysteem ↓
- ✓ Gewicht ↑ (tot **2 maal** meer obesitas)
- ✓ Verouderingssnelheid ↑ **Levensduur** ↓
- ✓ **Aantrekkelijkheid** ↓ Oudere indruk ↑ enz.

BREIN
- ✓ Geduld ↓↓ Gevoel voor nuancering ↓Inzicht ↓
- ✓ Inschattingsvermogen ↓ Concentratie ↓↓
- ✓ Geheugen ↓↓
- ✓ Creativiteit ↓ Multitasking ↓ Beslissingsvermogen ↓
- ✓ Depressie ↑ Humeurigheid ↑ Geluk ↓
- ✓ Enthousiasme ↓ Seksueel verlangen ↓↓

SOCIAAL
- ✓ Gezinsrelaties ↓ Seksuele relatie ↓↓
- ✓ enz.

BREINBOEI nr.4: GEBREK AAN PAUZES EN SLAAP

Altijd geboeid, altijd vermoeid

Een gebrek aan slaap is slecht voor lichaam en geest. Een slaaptekort verpest je intellectuele productiviteit en creativiteit, en maakt je minder gelukkig, gezond en sexy.

"Onvoldoende slaap is een epidemie voor de volksgezondheid." Dat was de conclusie van de Amerikaanse Centers for Disease Control and Prevention na hun nationaal onderzoek in 2012, en sindsdien is het alleen maar verergerd.

Een slaapgebrek verstoort de biologische klok die alle processen in ons lichaam coördineert, en verhoogt zo het risico op heel wat aandoeningen als hartziekten, infecties, diabetes, obesitas en – vooral – stemmingsstoornissen. Naast de negatieve effecten op je gezondheid tast stress ook je intellectuele productiviteit aan. Samen heeft dat een negatieve impact op de volksgezondheid, onze bedrijven en de economie.

Maar al te veel mensen beschouwen slaap als tijdverlies. Ze blijven tot een gat in de nacht online, vaak uit schrik iets te missen in de eindeloze informatiestroom. Velen beweren ook dat ze 's avonds beter werken. Onderzoek heeft inderdaad aangetoond dat er 'uilen' en 'leeuweriken' zijn. Typisch creatieve types zijn vaker uilen. Ze werken beter 's avonds, blijven lang wakker en staan laat op. Succesvolle professionals zijn vaker leeuweriken. Ze zijn vroeg uit de veren en gaan vroeg slapen. Leeuweriken functioneren beter en zijn productiever dan uilen. 60% van de bevolking valt dan weer ergens tussen deze twee 'types' in.

In de meeste situaties waar ik met professionals te maken heb die beweren een typische uil te zijn, gaat het in werkelijkheid om 'valse uilen'. Ze gaan laat slapen, staan vroeg op en kampen met een chronisch slaapgebrek.

De kooien in moderne zoos zijn beter voor dieren dan open kantoren voor breinwerkers...

omdat zoo-directeuren meer weten over de aangeboren noden van dieren, dan CEO's* over de aangeboren noden van mensen.

| Gebrek aan architecturale privacy | Gebrek aan privacy: nr1=LAWAAI Top=telefoon | Cognitieve emotionele uitputting |

*en facilities managers, architecten, bouw-adviseurs, bouwpromotoren enz...

BREINBOEI nr. 5: OPEN KANTOREN
Een ramp voor breinwerk

De belangrijkste oorzaken van afleiding hangen af van de manier waarop je ICT gebruikt. Maar een ervan ligt buiten je invloedssfeer: het open kantoor. Gemiddeld word je in een open kantoor om de drie minuten gestoord. In zo'n kantoor werken, is dan ook een ramp voor het denkende brein van de moderne *Homo Interruptus*. De kooien in een moderne zoo zijn beter voor dieren dan moderne kantoren voor mensen, omdat moderne zoodirecteurs meer weten over de aangeboren behoeften van hun dieren dan managers weten over de genetische behoeften van hun werknemers en hun brein.

De oplossing ligt niet in een terugkeer naar de individuele konijnenhokken van weleer, maar wel in flexibele kantoren waar werknemers altijd de juiste ruimte vinden voor elke taak.

In de meeste flexibele kantoren liggen de prioriteiten fout. Voor niet-routinematig breinwerk moet de prioriteit gaan naar aandacht, concentratie en focus, en pas daarna naar communicatie – niet omgekeerd. In eerste instantie moeten dan ook zo veel mogelijk afleidingen uit de weg geruimd worden, met speciale aandacht voor het uitschakelen van lawaai en bovenal telefoongesprekken.

Dit boek focust echter op alles waar jij controle over hebt. Je open kantoor valt daar niet onder, en dus zal ik er niet dieper op ingaan. Ben je op zoek naar wetenschappelijke informatie om een gesprek op gang te brengen over het soort kantoor dat breinwerkers nodig hebben om zo productief mogelijk te werken? Download dan het gratis en auteursrechtvrije boekje 'How To Design Brain-Friendly Flexibel Offices.' op www.brainchains.info, in de rubriek 'FREE BOOK'.

MASSAVERSTROOIINGSWAPENS

VERNIETIGEN
INTELLECTUELE
PRODUCTIVITEIT

Elke minuut

204 miljoen e-mails
20,8 miljoen Whatsapps
4 miljoen Google zoekopdrachten
3 miljoen x Facebookinhoud gedeeld
2,8 miljoen Youtube videos bekeken
1 miljoen Tinder partners beoordeeld
1 miljoen Vimeo video's bekeken
527,00 foto's gedeeld op Snapchat
350.000 Tweets verzonden
183.000 € besteed bij Amazon.com

VIER BREINBOEIEN INEENS: E-mail, sociale media, games en nieuws zijn MASSA-VERSTROOIINGS-WAPENS

Uit wat je hier tot nu gelezen hebt, heb je vast wel begrepen dat e-mail, sociale media, online nieuws enzovoort een krachtige combinatie vormen van deze vier breinboeien samen. Als je er veel mee bezig bent, dan (1) ben je altijd online, (2) ben je een multitasker, (3) vergroot je je negatieve stress en (4) blijf je te laat op. Als je ze de kans geeft om je breinwerk te verstoren, zijn het stuk voor stuk échte massaverstrooiingswapens.

Geen wonder dat veel mensen het hebben over het 'e-mailmonster'. Maar in werkelijkheid is het helemaal geen monster: het is een 'e-mail-Frankenstein' die je zelf hebt gecreëerd. Als je je Frankenstein niet leert te temmen, zal hij je intellectuele productiviteit, creativiteit en welzijn vernietigen. Verderop leg ik uit hoe je je Frankenstein doeltreffend onder controle kunt houden.

Bij managers is de impact nog erger, omdat ze hen afleiden van hun kerntaak: met mensen bezig zijn. Eerder legde ik al uit wat deze massaverstrooiingswapens zo verslavend maakt – niet om je te ontmoedigen, maar om je ervan bewust te maken dat het heel moeilijk kan zijn om opnieuw de controle te krijgen. Eenmaal gewaarschuwd, kun je jezelf uiteraard klaarstomen voor verandering.

In het begin is het moeilijk om de gewoonte af te leren. Als je verslaafd bent, zul je tientallen redenen vinden om net niet te veranderen. Zodra je nieuwe gewoonten hebt ontwikkeld, wordt het een pak gemakkelijker om aan de verleiding te weerstaan, al kun je af en toe in je oude gewoonten hervallen. Dat overkomt iedereen, mezelf incluis.

Telefoon aan het stuur: risico x 4 à 8
Sms'en en rijden: RISICO X 23
HANDENVRIJ en STEMGESTUURD
MAKEN GEEN ENKEL VERSCHIL
HET KNELPUNT IS JE BREIN

BREINKILLER: ICT GEBRUIKEN TERWIJL JE RIJDT

Elk jaar worden er in de USA drie keer meer mensen gedood door een chauffeur die aan het bellen is, dan er overleden bij de terreuraanslag van 9/11.

Wanneer je met de auto rijdt, is je reflexbrein verantwoordelijk voor de routinetaken. Je bent het rijden zo gewend dat je ervan overtuigd bent dat je denkende brein intussen kan focussen op een telefoongesprek. De honderden onderzoeken die ik samenvatte in mijn boek 'Ontketen je brein' tonen echter aan dat deze overtuiging fundamenteel fout is. ICT is de belangrijkste oorzaak van afleiding in de auto, omdat je telefoon er altijd is. **Het gebruik van een telefoon al rijdend vergroot het risico op een ongeval acht keer. Handen-vrij bellen maakt geen enkel verschil uit,** omdat je hersenen het knelpunt zijn. Ook spraakbesturing maakt geen enkel verschil. **En het ergste van al is dat sms'en tijdens het autorijden het risico op een ongeval 23 keer vergroot!**

Multitasken op kantoor is ernstig, maar meestal niet gevaarlijk. Multitasken achter het stuur is dat wel. Als je met je telefoon bezig bent, worden je reactiesnelheid en gezichtsvermogen aanzienlijk aangetast. Je bent letterlijk blind en krijgt een tunnelzicht. Bovendien verlaagt ook de kwaliteit van het telefoongesprek zelf. Chauffeurs die aan het telefoneren zijn, maken 70% meer fouten bij het beantwoorden van vragen op basisschoolniveau. Zaken telefonisch afhandelen achter het stuur is dus niet alleen gevaarlijk, het is ook zakelijk slecht.

De meeste mensen denken dat ze dat veilig kunnen doen omdat hun aandacht zo extreem verpest is dat ze zich zelfs niet meer bewust zijn hoe verpest hij is.,. Ze zijn stekeblind voor de continue feedback over hun slecht rijgedrag.

Vijf
breinboeibrekers

BREINBOEIBREKER 1:
GA GEREGELD OFFLINE

De belangrijkste manier waarop je het meest uit je brein en je ICT kunt halen, is door geregeld blokken tijd te plannen om losgekoppeld van alle massaverstrooiingswapens. Zo kan je ongestoord en geconcentreerd werken of een gesprek voeren. Als je dat niet kunt, zul je nooit goede resultaten behalen. Je kunt dan immers de meest fenomenale oplossing, namelijk batchverwerking of blokverwerking, niet uitvoeren (zie verderop).

Je moet minimaal twee keer per dag een blok van telkens 45 minuten nemen om offline te gaan. Verdedig dat recht met hart en tand. *Je mag alle adviezen uit dit boek vergeten, maar als je dit ene toepast zal het je intellectuele productiviteit aanzienlijk verbeteren.* Je moet hiervoor creatief, hard en zelfs ongenadig zijn tegenover je omgeving, maar evengoed tegenover jezelf.

Eerst moet je erachter komen op welke tijd van de dag je denkende brein het best werkt. Als ik dat vraag aan mensen of teams die ik coach, hebben de meesten daar geen idee van, omdat ze zich in de loop van de dag voortdurend laten storen. Als je het niet weet, kun je gaan experimenteren met tijdsblokken op verschillende momenten van de dag.

Voor de meeste mensen liggen de beste uren in de ochtend na een goede nachtrust. Later leg ik nog uit waarom het belangrijk is om net op dat moment denkwerk-blok te nemen, vóór je je e-mails of andere berichten begint te lezen. Wat je beste breintijd ook is, verklaar hem heilig, en gebruik hem om je belangrijkste breinwerk te doen en je door niets te laten storen. Bewaak die tijd als een schat, en laat niemand die van je afpakken.

Ontkoppel om strategisch te denken

11 REDENEN om regelmatig offline te gaan

1. Ga offline om te focussen. Altijd online zijn betekent voortdurend onderbroken worden. Het helpt je concentratie om zeep, maakt je traag, doet je meer fouten maken en brengt je veiligheid in gevaar.

2. Ga offline om te reflecteren: om ver, breed, diep en vernieuwend te denken.

3. Ga offline om informatie te archiveren en je geheugen te verbeteren.

4. Ga offline om creatief te zijn. Geef je archiverende brein de kans om creatieve informatiecombinaties te vinden.

5. Ga offline om proactief te zijn. Altijd online zijn maakt ons tot reactieve en primitieve 'adhocraten'.

6. Ga offline om een eind te maken aan de informatiediarree. Altijd online zijn leidt ertoe dat je overladen wordt met informatie.

7. Ga offline om wijs te zijn. Altijd online zijn, put zowel je wilskracht als je zelfbeheersing uit en veroorzaakt beslissingsmoeheid.

8. Ga offline voor echt contact. Altijd online zijn is vaak desastreus voor echte gesprekken, discussies en vergaderingen.

9. Ga offline en maak je los om strategisch te denken. Altijd online zijn creëert een gefragmenteerd sprinkhaanperspectief in plaats van een veelomvattend, strategisch oogpunt.

10. Laat anderen offline gaan en loskoppelen. Van collega's en medewerkers verwachten dat ze altijd online zijn is een bijzonder dure en contraproductieve blunder.

11. Zoek hulp om offline te gaan. Dat geldt vooral wanneer je drang om online te gaan een slechte gewoonte of een verslaving is.

Stop Multitasking

Start Batch-tasking

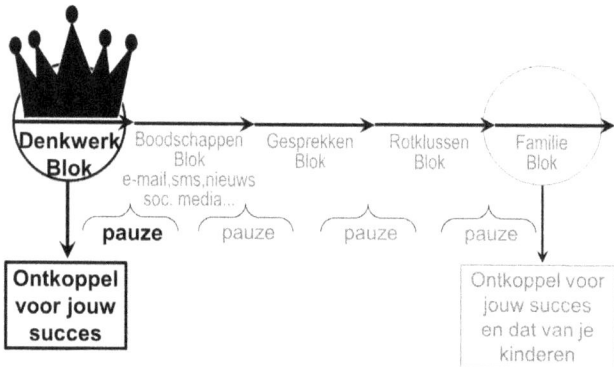

Denkwerk Blok

Boodschappen Blok
e-mail,sms,nieuws
soc. media...

Gesprekken Blok

Rotklussen Blok

Familie Blok

pauze pauze pauze pauze

Ontkoppel voor jouw succes

Ontkoppel voor jouw succes en dat van je kinderen

BREINBOEIBREKER 2: BATCHVERWERKING

Begin met het plannen van denkwerk-blokken

De oplossing is heel eenvoudig: om efficiënter en intellectueel productiever te worden en minder stress te hebben, moet je het aantal taakwisselingen radicaal en meedogenloos verminderen.

Blokverwerking of batchverwerking is precies wat je nodig hebt. Dat houdt in dat je denktijd reserveert en er een ijzersterke 'stoor-mij-niet'-kooi bouwt rond je belangrijke breinwerk. Steeds je e-mails en sociale media checken is de grootste vijand van het denkende brein. Nog zo'n dodelijke vijand is een open kantoor.

Wees genadeloos bij het inrichten van je werkomgeving en vermijd alle mogelijke afleidingen. Heb je een deur? Sluit ze dan. Heb je geen deur? Zoek dan een ruimte met een deur of scheid je werkplek af met een geïmproviseerd kartonnen scherm, doe oordopjes in en zet daar een koptelefoon bovenop (zelfs al werkt die niet, het is een goede manier om aan te geven dat je niet gestoord wilt worden). Hang een bordje met 'niet storen' op, zet je telefoon en ook alle piepjes op je computer uit, en sluit alle pop-upvensters. Zet een leuke boodschap op je voicemail of bedenk een slim out-of-officebericht waarin je vraagt om niet gestoord te worden. Neem na elke denkwerk-blok een pauze om de informatie die je zonet hebt verwerkt te archiveren. Hoe moeilijker je taken, hoe langer die pauze moet zijn.

Dit is het kernadvies uit dit boek. Om productiever en creatiever te zijn, moet je je fantastische maar kwetsbare en snel vermoeide denkende brein beschermen tegen de eindeloze afleidingen die je primitieve, en onvermoeibare reflexbrein kapen.

SCHUILKELDER

De moeilijkste batch – alle MASSAVERSTROOIINGSWAPENS OPSLUITEN in berichtenbatches

Als je je denkende brein wilt herstellen tot zijn volle capaciteit, moet jij degene zijn die je ICT onder controle hebt – en niet andersom. Je moet de bijzonder contraproductieve gewoonte van steeds naar je telefoon te kijken radicaal vaarwel zeggen. Je hebt geen keuze. Het moet gewoon.

Dat is de belangrijkste stap die je kunt zetten om je breinkracht te bevrijden. Punt.

Verwerk je e-mails, berichten, sociale media en nieuwtjes in zo weinig mogelijk batches per dag. Voor de meeste mensen volstaan vier batches. Bouw daar met ijzeren discipline een ondoordringbare muur omheen. Verwerk de batches bovendien als een echte professional en niet als een verslaafde consument. JIJ beslist hoeveel tijd je eraan besteedt, waar en wanneer. Verwerk de batches in een professioneel kader met professionele hardware en software – NIET op je smartphone met twee klungelige duimen op een Klein-Duimpje-schermpje. Je telefoon is niks meer dan een gadget en een tool voor noodgevallen. Hij is helemaal niet geschikt om professionele taken af te handelen op een doeltreffende manier.

Je zult ervan versteld staan hoeveel tijd je kunt besparen bij het verwerken van je e-mails, en hoe de kwaliteit ervan zal toenemen als je ze in batches verwerkt en vervolgens de rest van de dag offline gaat. In het begin is dat heel moeilijk, maar zodra je het gewend bent, zal het een buitengewoon positieve impact hebben op je productiviteit, je creativiteit en je stressniveau.

Heel wat mensen die hierin geslaagd zijn, hebben gemerkt dat hun efficiëntie een serieuze boost kreeg. Verrast stelden ze vast dat ze plots zo veel meer tijd hadden.

Stop Multitasking

Start Batch-tasking

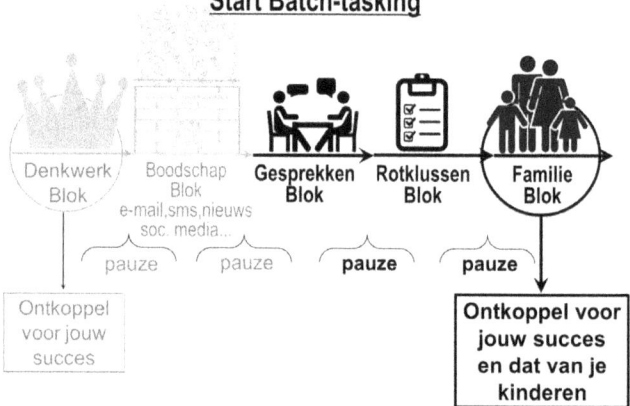

Denkwerk Blok

Boodschap Blok
e-mail,sms,nieuws
soc. media...

Gesprekken Blok

Rotklussen Blok

Familie Blok

pauze   pauze   **pauze**   **pauze**

Ontkoppel voor jouw succes

Ontkoppel voor jouw succes en dat van je kinderen

Enkele tips om je denkende brein te beschermen

Maak komaf met de inefficiënte gewoonte om je e-mails onmiddellijk te beantwoorden. Elke professional heeft niet alleen het recht, maar ook de plicht om ongestoord breinwerk te leveren en zich te beschermen tegen de massaverstrooiingswapens.

Plan al je belangrijke denkwerk 's ochtends en stel het lezen en beantwoorden van e-mails en berichten uit totdat je die batch hebt verwerkt.

Elimineer alle sirenes die je naar je inbox lokken, waar je intellectuele productiviteit en creativiteit schipbreuk zullen lijden op de klippen van je e-mail. Schakel dus alle piepjes en pop-upvensters uit: zij mogen niet beslissen wanneer jij je berichten bekijkt, dat is jouw taak. Schrijf je uit op alle automatische berichten die je een zee van tijd doen verliezen via e-mail, sociale media en nieuwssites.

Leer om je e-mailprogramma zodanig in te stellen dat al je CC-mails automatisch naar een aparte map worden verplaatst.

Gebruik je inbox tot slot niet als een to-dolijstje. Zet belangrijke taken onmiddellijk in je agenda en noteer onbelangrijke klusjes op een apart lijstje, de 'rotklussenbatch' (later meer daarover).

Ben je bang om volledig offline te gaan om belangrijk breinwerk te beschermen, omdat je vreest dat je echt dringende zaken zult missen? Zorg dan voor een noodplan. Vraag aan een collega om je telefoon en e-mail in de gaten te houden en je te waarschuwen als er een echt dringende vraag binnenkomt. Schaf je een kleine telefoon aan voor noodgevallen en vermeld het telefoonnummer in je out-of-officemail en voicemailbericht, maar zeg er duidelijk bij dat het enkel voor heel dringende gevallen is.

In mijn boek 'Ontketen je brein' vind je nog meer bijzonder gedetailleerde, praktische en beproefde tips en trucs.

Stop Multitasking

Start Batch-tasking

Denkwerk Blok

Boodschap Blok
e-mail,sms,nieuws
soc. media...

Gesprekken Blok

Rotklussen Blok

Familie Blok

pauze   pauze   **pauze**   **pauze**

Ontkoppel voor jouw succes

Ontkoppel voor jouw succes en dat van je kinderen

Vermijd dat ONGEPLANDE GESPREKKEN EN ROTKLUSJES je belangrijke breinwerk aantasten, en doe ook thuis aan batch-tasking

Rotklusjes zijn kleine taken die je niet graag doet, maar die je niet kunt delegeren. Je krijgt ze niet graag en je stelt ze daarom uit, maar ze blijven zeuren in je achterhoofd. Je moet dan later maar al te vaak veel belangrijker werk opzij schuiven om de kleine kloteklusjes af te handelen als ze plots dringend zijn geworden.

De oplossing? Maak elke week tijd vrij voor een 'rotklusbatch'. Telkens wanneer je een rotklusje krijgt, kun je het op een apart lijstje zetten dat je één keer per week volledig afhandelt tijdens een geplande sessie. Je zult dan minder gefrustreerd zijn als je een dergelijk klusje krijgt, en het zal niet knagen omdat je tijd hebt ingepland om eraan te werken. Zo daalt ook het risico dat het je afleidt van je belangrijkere werk. Bovendien haal je niet veel voldoening uit het afhandelen van één rotklusje, maar houd je er wel een goed gevoel aan over als je net voor het weekend een hele lijst afhandelt.

Tot slot, maar daarom niet minder belangrijk: doe ook thuis aan batchverwerking en plan offlinemomenten voor werk, huishoudelijke taken en samenzijn. Dat is vooral belangrijk als je kinderen hebt. Verrassend genoeg blijkt uit mijn onderzoek dat kinderen die van jongs af altijd online zijn en multitasken niet beter met ICT omgaan. Integendeel!. Deze 'geboren digitalen' zijn helemaal niet 'digitaal vaardig', en altijd online zijn heeft een negatieve impact op heel wat aspecten van hun ontwikkeling. Ook zij moeten leren aan batchverwerking te doen, en liefst zo jong mogelijk – thuis én op school!

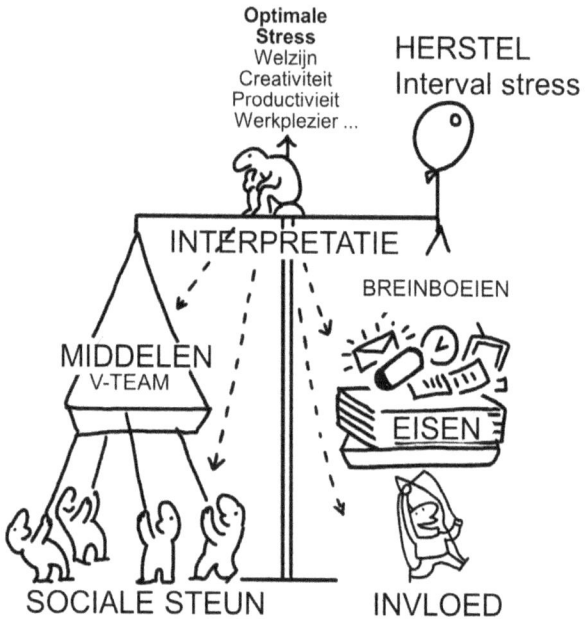

UW STRESS-BALANS

**Optimale
Stress**
Welzijn
Creativiteit
Productivieit
Werkplezier ...

HERSTEL
Interval stress

INTERPRETATIE

BREINBOEIEN

MIDDELEN
V-TEAM

EISEN

SOCIALE STEUN

INVLOED

BREINBOEIBREKER 3: 6 manieren om je STRESS IN EVENWICHT te houden

Het beeld van een stressbalans illustreert je doelstelling perfect: een evenwicht vinden voor je eisen op elk niveau. Er zijn altijd zes mogelijke oplossingen:

1. Je kunt de eisen terugschroeven. Als je te veel hooi op je vork hebt genomen, komt dat meestal omdat je niet durft "neen" te zeggen of minstens "Ja, als …"Altijd online zijn is een van de belangrijkste gewichten op deze schaal.

2. Je kunt voor meer hulpmiddelen zorgen, zoals samengevat in het acroniem **V-TEAM**. Draag je goed zorg voor jezelf, je **veerkracht** en fitheid? Beheer je jouw **tijd** doeltreffend? Altijd online zijn en het multitasken dat daarbij komt kijken, is een enorme tijdverspiller. Heb je de **expertise** in huis om aan de eisen tegemoet te komen? Zo niet, heb je coaching of training nodig? Als je aan je taken werkt, schenk je die dan je volledige **aandacht** of ben je voortdurend afgeleid? En ten slotte: beschik je over de **nodige tools** als hardware, software, mensen en geld om te slagen in je opzet?

3. Je stressbalans is subjectief. Wist je dat je interpretatie van een bepaalde situatie de balans uit evenwicht kan halen? Lukt het je niet om daar zelf iets aan te veranderen, zoek dan een coach of therapeut die gespecialiseerd is in de cognitieve psychologie.

4. Investeer je voldoende in je sociale steunsysteem? Dat is immers de belangrijkste factor om je veerkracht te verbeteren.

5. Zorg je ervoor dat je alles wat je kunt controleren ook daadwerkelijk netjes onder controle hebt, zodat je steeds voelt dat jij degene bent die je stressbalans kunt beïnvloeden?

6. Pauzeer en slaap je voldoende? Later meer hierover.

GEBRUIK DE PAUZEKNOP !
één minuut !

Voor een beter stressbeheer: druk op je PAUZEKNOP!

Heb je het gevoel dat het evenwicht zoek is in je stress-balans? Dan heb ik één tip die misschien zelfs je leven kan redden: druk op de pauzeknop! Daarmee bedoel ik niet dat je een lang weekend vrij moet nemen of op va-kantie moet gaan. Je moet alleen de gewoonte ontwik-kelen om als je uit balans raakt pauzes van één minuut te nemen. Je hebt nooit een excuus om dat niet te doen. Pauzeren kun je altijd en overal – aan je bureau, in de lift en zelfs tijdens een vergadering.

In die ene minuut denk je even na over de twee tekeningen in de hoofdstukken over stress.

Denk aan het schema dat uitlegt hoe onze prestaties wij-zigen naargelang de eisen die gesteld worden. Denk nu na over jouw plaats op die grafiek. Op basis van je plaats op de curve kun je afleiden **hoe dringend** het is dat je de balans weer herstelt. Denk vervolgens na over de illustratie van de stressbalans en de zes punten waarop je kunt inspelen om de balans te herstellen. **Beslis dan welke stappen je wilt nemen.**

Soms is er een onmiddellijke oplossing, zoals meteen een langere pauze nemen. Je zult vaak tot de conclusie komen dat je meer tijd nodig hebt om na te denken over wat er aan de hand is. Plan dan meteen de nodige tijd in voor deze reflectie. Je kunt bijvoorbeeld ook tot de conclusie komen dat je al te veel uren hebt gewerkt en beslissen om snel naar huis te gaan. Misschien concludeer je wel dat het allemaal uit de hand loopt, dat je meer tijd nodig hebt om erover na te denken en dat je een assertief gesprek moet voeren met je baas of je partner over de oorzaak van de onbalans. Meer informatie hierover vind je in mijn boeken 'Ontketen je brein' en 'Stress. Vriend en vijand'.

Wat is genoeg slaap voor jou?

Voor 75% van mensen: 7-8 uur.

<u>Test 1</u>. De hoeveelheid slaap die je nodig hebt in de week om in het weekend niet te moeten uitslapen

<u>Test 2</u>. De hoeveelheid slaap die je nodig hebt om de dag fris en actief door te komen zonder stimulantia

- **Zonder stimulerende middelen: geen cafeïne,**
  geen cola, geen energy drinks (LOL), geen koffie, geen groene noch zwarte thee, geen amfetamines ...
- **Zonder symptomen van slaapschuld** zoals:
  moeilijk uit bed geraken, soms slaperige gevoel, wegdoezelen (gedurende het rijden), nood hebben aan een dutje, (onweerstaanbaar) verlangen naar junk food of gesuikerde producten nadat je een normale maaltijd gehad hebt, meer uren slapen in het weekend dan in de werkweek ...
- **Zonder brein symptomen** als:
  Concentratie↓ ↓ Geheugen↓↓ Geduld ↓↓ Gevoel voor nuance ↓ Inzicht↓ Oordeelvermogen ↓ Beslissingsvermogen↓ Creativiteit ↓Multitasking ↓ Depressie ↑ Humeurigheid ↑↑ Geluksgevoel ↓ Enthousiasme ↓ Zin in seks ↓ ... *herinner je je nog hoe het vroeger was?*?

  Pas op: de eerste 14 dagen zonder cafeïne kun je last krijgen van **ontwenningsverschijnselen**: gebrek aan concentratie, hoofdpijn, griepachtig gevoel, moe gevoel.

BREINBOEIBREKER 4: Geef je brein de PAUZES EN SLAAP die het nodig heeft om uit te blinken

Opdat je archiverende brein informatie kan archiveren, je denkende brein kan herstellen en je stressbalans zich kan herstellen, moet je na elke taak die reflectie, aandacht en concentratie vergt even pauzeren. Sla je lunch niet over en lunch niet terwijl je aan het werk bent. Een echte lunchpauze is een must: ga offline en geniet van deze schitterende investering in de kwantiteit en kwaliteit van je breinwerk.

Overuren presteren heeft geen positieve impact op je productiviteit en creativiteit – integendeel. Stop op tijd met werken om jezelf de tijd te geven om te herstellen. Als je altijd online bent, verdwijnen de grenzen tussen je werk en privéleven. De negatieve gevolgen voor je breinwerk zijn veel groter dan de positieve. Bovendien ontstaat er een niet-aflatende chronische stress, die dodelijk is. Als je toch denkt te moeten werken tijdens het weekend, zorg er dan voor dat je ook thuis aan batchverwerking doet.

Herorganiseer je leven op basis van de resultaten van de twee slaaptests hiernaast. Voor je biologische klok zou je elke dag op hetzelfde uur moeten opstaan. Als je behoefte hebt aan meer slaap tijdens het weekend, dan moet je vroeger je bed in kruipen. Idealiter plan je al het belangrijke, moeilijke of complexe breinwerk 's ochtends, na een goede nachtrust en nog voor je je e-mails en berichten leest. Zo put je het grootste voordeel uit het belangrijke werk dat je archiverende brein heeft verricht terwijl je sliep om je voor te bereiden op de dag. Meer tips vind je in mijn boek 'Ontketen je brein'.

Functies van flexibel kantoor: **FOCUS vóór alles**

Functie	Taken	Behoeften	Faciliteiten
Reflecteren Concentreren	Gefocuste, individuele intellectuele taken, reflectie, denkwerk	Zintuiglijke privacy. Geen afleiding; visueel noch akoestisch!, licht, vertrouwd gevoel persoonlijke bezittingen bij de hand	Visuele/ akoestische afscheiding van alle andere activiteiten, vensters naar buiten, gemakkelijk te personaliseren
Communiceren	Live of virtuele communicatie = gezamenlijke reflectie	Geen afleiding visueel noch akoestisch	Akoestische en visuele afscheiding
Samenwerken	Groepsvergaderingen, discussies, presentaties, virtuele conferenties, brainstorming	Een stimulerende, ruime, goed verlichte ruimte	Ruimte, vensters, goede akoestiek, tools, technologie, anderen niet storen
Recupereren	Time-out: ontspannen en recupereren, passief of actief	Ofwel stil en rustig Ofwel interactief Ofwel actief	➢ 'bibliotheek' ➢ 'lounge' ➢ 'fitness'

Prioriteit: bescherm aandacht en concentratie
Meng reflectie niet met andere functies in één ruimte

BREINBOEIBREKER 5: Voer actie voor een BREINVRIENDELIJK KANTOOR

Een kantoor is geen kost, maar een hulpmiddel waarin bedrijven investeren om de intellectuele productiviteit van hun werknemers te optimaliseren. Het brein van kantoormedewerkers is immers hun belangrijkste tool om optimaal productief te zijn. Kantoren moeten dan ook tegemoetkomen aan de behoeften van breinwerkers en hun brein.

Bij het inrichten van een kantoor zouden managers de gebruiksaanwijzing moeten hebben van breinwerkers en hun brein. De eerste prioriteit bij het ontwerp is NIET het bevorderen van communicatie, maar wel van focus, aandacht en concentratie. In dat kader is het heel belangrijk om ongewenste onderbrekingen, en dan vooral lawaai en andermans telefoongesprekken, te elimineren. Een tweede prioriteit is het stimuleren van communicatie. Er bestaat een eenvoudige test voor kantoren: als je andermans telefoongesprekken kunt volgen, is je kantoor niet geschikt voor breinwerk dat concentratie vergt.

Om de intellectuele productiviteit duurzaam te stimuleren moet een modern flexibel kantoor aan drie voorwaarden voldoen: (1) flexibel management, (2) flexibele en assertieve werknemers, en (3) een flexibele werkplek.

De doelstelling is eenvoudig: werknemers moeten altijd toegang hebben tot de werkplek die geschikt is voor het werk dat ze op dat moment moeten uitvoeren. Er zijn doorgaans vier soorten werk: denken, communiceren, samenwerken en herstellen. Het is essentieel dat deze vier functies niet in eenzelfde ruimte plaatsvinden.

De ergste fout die een bedrijf kan maken, is in dezelfde ruimte op communicatie gebaseerde taken te combineren met taken die gefocuste reflectie vergen.

Gebruik geen ICT al rijdend

NOOIT!

LEVENSREDDEND ADVIES: GEBRUIK NOOIT OFTE NIMMER JE TELEFOON OF ANDERE ICT ACHTER HET STUUR

Nu je weet dat je telefoon gebruiken een levensbedrei-gende vorm van multitasking is, vraag je je misschien af waarom het niet bij wet verboden is. In een gesprek met ambtenaren kwam ik erachter dat politici zich bewust zijn van het gevaar, maar dat ze geen algeheel verbod willen instellen omdat dit niet door het publiek wordt ondersteund. Omdat hun horizon zich beperkt tot de volgende verkiezingen, voelen ze er weinig voor om het lievelings-speeltje van de automobilist af te pakken, zelfs niet als dat even gevaarlijk is als rijden onder invloed.

Bovendien lobbyen de auto- en ICT-sector hard tegen dergelijke wetgeving, omdat zij winst maken dankzij de verkoop en het gebruik van deze gevaarlijke toestellen. Als autofabrikanten en ICT-bedrijven echt meer om je veiligheid zouden geven dan om hun winst, zouden ze elk gebruik van een telefoon of dashboardcomputer door de bestuurder automatisch moeten blokkeren wanneer de auto gaat rijden, met uitzondering van telefoongebruik in noodsituaties en een navigator met een scherm dat zo veel mogelijk binnen het gezichtsveld ligt en niet opnieuw kan worden ingesteld tijdens het rijden.

In afwachting van de lancering van zelfrijdende auto's op de openbare weg moet je zelf je verantwoordelijkheid nemen en het leven van je passagiers – en dat van jezelf – beschermen.

Het is evenmin een goed idee om al fietsend of wandelend met je telefoon bezig te zijn. Onderzoekers die het gedrag van voetgangers bestuderen die met hun telefoon rond-wandelen, noemen hen 'digitale doodlopers" of 'digitale zombies'. Van 2005 tot 2010 steeg het aantal ongelukken met telefonerende voetgangers met maar liefst 600%!

Fysische realiteit van uw kind

Psychische realiteit van uw kind

ONZE HOOP VOOR DE TOEKOMST: KINDEREN AANLEREN hoe ze ICT in hun voordeel kunnen gebruiken

Aanvankelijk dacht ik dat de nieuwe generaties van 'geboren digitalen' onze hoop voor de toekomst zouden zijn. Een van de meest teleurstellende en verrassende bevindingen van mijn onderzoek is echter dat de meeste 'geboren digitalen' helemaal niet digitaal vaardig worden, maar verslaafde consumenten. Hoe jonger en hoe vaker ze met schermpjes bezig zijn, hoe slechter ze presteren op alle gebied – met inbegrip van multitasking.

Dat betekent niet dat scholen alle ICT moeten buitengooien. Integendeel: ze moeten ICT net omarmen. Ten eerste als een educatieve tool en ten tweede om kinderen te leren hoe ze de meester en niet de slaaf kunnen worden van hun fantastische, maar verslavende technologie.

Enerzijds kunnen scholen educatieve technologie gebruiken om aspecten van het leerproces af te stemmen op de individuele behoeften van elke student, om routineoefeningen leuker te maken en om de 'geboren digitalen' beter te leren omgaan met technologie, bijvoorbeeld door hen te leren programmeren.

Anderzijds moeten kinderen leren dat altijd online zijn en multitasken het leerproces ruïneert. Opvoeders moeten hen waarschuwen dat technologiebedrijven proberen om hen verslaafd te maken aan hun schermen en tonen hoe ze kunnen ontsnappen aan deze consumentenval.

Van jongs af moeten kinderen de belangrijkste oplossing leren: leren en consumeren van elkaar gescheiden te houden door voortdurend aan batchverwerking te doen. De voornaamste sleutel tot hun succes en welzijn is dat ze ontdekken hoe ze hun leer- en studeerbatches kunnen beschermen tegen de Massaverstrooiingswapens.

Conclusie

Reflex Brein

Stimulus gedreven
Louter **hier en nu**
Alle zintuigen

$e=mc^2$

Denkende Brein
Doelgericht
ÉÉN ding tegelijk
Los van realiteit
Abstract

Archiverende Brein
Heeft niksen nodig

LichaamsBrein

De fundamentele
WETENSCHAPPELIJKE FEITEN ZIJN EENVOUDIG

1. Ons denkende brein kan niet multitasken; het kan maar één taak tegelijk aan.

2. Als we proberen te multitasken, moet ons denkende brein voortdurend van taak wisselen.

3. Elke wisseling, zelfs aandacht voor de kleinste afleiding, vermindert onze concentratie en aandacht, ons geheugen, onze efficiëntie en productiviteit.

4. Ons bewuste, langzame, snel vermoeide en kwetsbare maar verfijnde, menselijke denkende brein moet goed worden verzorgd. Zo niet zal ons onbewuste, snelle, on-vermoeibare en robuuste maar primitieve en dierlijke reflexbrein te veel slechte belangrijke beslissingen nemen.

5. Ons archiverende brein wedijvert met ons denkende brein om dezelfde 'processortijd' en heeft daarom vol-doende pauzes en slaap nodig.

6. Altijd online zijn veroorzaakt een chronische, niet-aflatende achtergrondstress.

7. Negatieve stress, zelfs op een laag niveau als ze chronisch is, ondermijnt de beste prestaties van ons denkende brein: van abstract, logisch, analytisch, creatief en empathisch tot synthetisch denken. Negatieve stress veroorzaakt boven-dien lichamelijke problemen zoals spier- en gewrichtspijn, en ondermijnt onze fysieke mogelijkheden en gezondheid.

8. Het gebruik van eender welke soort ICT achter het stuur verhoogt het risico op een ongeluk 4 tot 23 keer

9. De meeste open kantoren zijn schadelijk voor breinwerk en hebben een negatief effect op de intellectuele produc-tiviteit en gezondheid.

DRIE GEBODEN

1. ROEI WISSELINGEN UIT
radicaal en genadeloos

2. ONTKOPPEL
om te denken

3.ONTKOPPEL
voor pauzes

Red een leven, misschien dat van jezelf
Gebruik geen ICT al rijdend. NOOIT!

De belangrijkste OPLOSSINGEN ZIJN EENVOUDIG, maar dat betekent niet dat ze gemakkelijk toegepast kunnen worden

1. Ga 'batchtasken' in plaats van multitasken: roei zo veel mogelijk taakwisselingen radicaal en meedogenloos uit.

   a. Verwerk reflectietaken in batches.

   b. Verwerk e-mails en andere berichten in batches.

   c. Verwerk vergaderingen in batches.

   d. Verwerk 'rotklusjes' in batches.

   e. Doe ook thuis aan batchverwerking.

Verwerk je batches als een professional en gebruik professionele tools in plaats van een smartphone of tablet.

2. Ga offline om te reflecteren: elimineer alle mogelijke afleidingen en onderbrekingen.

3. Ga offline om geregeld pauzes te nemen: minipauzes, lange pauzes en voldoende slaap.

   a. Het zal je vermoeide denkende brein de tijd geven om zich te herstellen, en dus sterk genoeg te zijn om je onvermoeibare reflexbrein in bedwang te houden.

   b. Het zal je archiverende brein de kans geven om de miljarden bits en bytes aan informatie op te slaan, en om in je langetermijngeheugen de ideeën te vinden die je denkende brein nodig heeft om goede, weldoordachte, creatieve en wijze beslissingen te nemen.

   c. Het zal je hele lichaam de kans geven om te ontspannen en te herstellen. Vergeet niet: gezonde stress is intervalstress.

4. Red een leven, misschien dat van jezelf, door NOOIT OFTE NIMMER je telefoon of andere ICT achter het stuur te gebruiken.

5. Vermijd elk breinwerk – behalve routinewerk – in open kantoren: werk samen, span samen of kom in opstand voor het realiseren van flexibele kantoren, waar de eerste prioriteit aandacht is.

Extra leesvoer

'**ONTKETEN JE BREIN.** Hoe hyperconnectiviteit en multi-tasken je hersenen gijzelen en hoe je eraan kunt ontsnappen.'
www.brainchains.info

'**The Open Office Is Naked**' of '**How To Design Brain-friendly Open Offices"**
www.brainchains.info, rubriek 'FREE BOOK'

'**Stress. Vriend en vijand**'
www.compernolle.com, rubriek 'Books and Tools'

Referenties

Dit boek is gebaseerd op honderden gepubliceerde onder-zoeken die je terugvindt in het boek 'Ontketen je brein', en in een lijst die je gratis kunt downloaden op **www.brainchains.info**, rubriek 'Free texts'.

Opmerkingen, feedback en vragen?

Mail gerust je feedback, opmerkingen, suggesties of vragen naar **comments@brainchains.info**.

Meer feedback van de lezers van 'Ontketen je brein'

Het is ongelofelijk (en ook wel verontrustend) dat wat Theo beschrijft maar weinig geweten is en/of toegepast wordt in het bedrijfsleven ... De werkmethodes die bedrijven en organisaties doorgaans aanmoedigen, doen niks anders dan ons IQ, EQ en SQ aan banden leggen. Ze werken burn-outs in de hand, leggen het potentieel aan banden en sporen aan tot ondermaatse prestaties ... De hyperconnectiviteit die de voorbije jaren een opmars heeft gemaakt met de smartphone vergroot het probleem enorm. Proficiat en bedankt aan Theo, die dit probleem heeft aangekaart met een goed beargumenteerde en weldoordachte analyse, die bovendien aangenaam leest.

L. Watson

Een uitstekend boek. Ik was verslaafd aan 'multitasken' en slaagde er maar niet in om me te concentreren op langere taken ... En ik moet toegeven dat ik door dit boek écht een beter mens ben geworden! Het is vlot leesbaar en staat boordevol praktische tips om je brein beter en efficiënter te doen werken. Je zou kunnen zeggen dat het een soort van 'gebruiksaanwijzing voor de hersenen' is die je leert wat de juiste manier is om je productiviteit op te krikken zonder stress ...

Jose Rivero

Dag in, dag uit word ik bedolven onder allerlei elektronische informatie, waardoor ik me eerlijk gezegd wat verloren voel in deze 'ICT-wereld'. Hoe kunnen we ons opnieuw mens gaan voelen en weer gaan leven naar dat gevoel? Dit boek toont hoe krachtig het menselijke brein werkelijk is ... Het gaf me de kans om een kijkje te nemen in mijn brein, waardoor ik het gevoel heb dat ik mijn leven weer onder controle heb. Of zoals Theo het stelt in het gedicht achteraan in het boek: "Herover tijd om lief te hebben en geliefd te worden; het is de hoeksteen van geluk en veerkracht, voor jezelf en voor anderen."

Wei TAO, Business Information Manager

Wauw. Zes maanden na mijn aankoop haal ik dit boek nog regelmatig uit de kast. Wat een fantastisch inzicht in onze hersenen – wellicht de beste computer waarover we ooit zullen beschikken! Ik heb al heel wat geleerd van deze vermakelijke academicus. Een openbaring!

S.A.W., Bristol (VK)

Schitterend boek dat alle idiote mythes over multitasking de das omdoet.

10HS

… In dit boek combineert de auteur zijn kennis van de medische wetenschap met zijn inzicht in leiderschapsvaardigheden. Het resultaat drukt je met de neus op de feiten. Je ontdekt hoe je hersenen werken (of juist niet) in onze nieuwe wereld.

Serge Zimmerlin,HR directeur

Dit boek was een openbaring voor mij. Het heeft me geholpen om een beter inzicht te krijgen in wat mensen doen en waarom ze dat doen in de context van gezondheid en veiligheid. Het is een must have voor praktische zielen die willen weten hoe mensen werken, en wat je kunt doen om hun efficiëntie te maximaliseren en het aantal menselijke fouten te beperken. En het is ook nog eens aangenaam om te lezen!

Malc Staves, Global Health & Safety Director

... Doeltreffende innovaties springen in het oog en groeien uit tot ware successen, terwijl andere – zoals IT en hyperconnectiviteit – hun doel voorbijschieten en een heus fenomeen op zich dreigen te worden. Prof. Compernolle's unieke samenvatting van de breinwetenschap, zijn expertise rond menselijk gedrag en therapeutische vaardigheden, biedt heel wat oplossingen en stelt ons in staat om de stap te zetten van Druckers 'kenniswerk' naar Compernolle's 'breinwerk'.

Prof. Jan Bernheim

Een MUST voor managers in het algemeen, maar vooral voor HR-managers, aangezien de productiviteit van voornamelijk bedienden echt in het gedrang komt in onze moderne wereld, waar we altijd en overal online zijn. Er is enorm veel onderzoek gedaan naar multitasken, en ook in de praktijk is bewezen dat het niet werkt. Hetzelfde geldt voor altijd online zijn of onvoldoende slapen. Ik vergelijk de impact van dit boek met die van 'Het ondiepe. Hoe onze hersenen omgaan met internet.' van N. Carr. Ik heb meteen mijn gewoonten veranderd en spoor nu ook mijn collega's, vrienden en familie aan om hetzelfde te doen.

Philippe

Onze beste tool, zowel op de werkvloer als in het leven van alledag? Dat is uiteraard ons brein. Jammer genoeg vergeten we vaak hoe we het correct kunnen gebruiken. Theo is er op de grappigst mogelijke manier in geslaagd om mijn geest open te stellen en mijn dagelijkse prestaties te verbeteren. Dankzij dit boek zul je ontdekken hoe vaak je elke dag weer je brein fout gebruikt en hoeveel geld en tijd je zou kunnen besparen door in te spelen op de signalen die je lichaam uitstuurt.

Ferdinand

... Multitasking is onmogelijk! Zodra ik dat had begrepen en aanvaard, kon ik me weer volop concentreren op de taken die écht van belang zijn en herontdekte ik mijn creativiteit. Ik gebruikte de MULTITASKINGTEST tijdens vergaderingen in onze multinational. En dat was een ware openbaring, met een spannend 'aha!'-effect tot gevolg!

Dr. Peter zum Hebel, vicedirecteur

Een absolute must als we de volledige capaciteit van onze hersenen, onze productiviteit en onze creativiteit willen beschermen of herstellen. En het leert ons ook beter om te gaan met de almaar groter wordende stroom van verslavende ICT-tools. Dat komt onze levenskwaliteit ten goede, zowel thuis als op het werk, en het redt misschien ook wel levens. Tot slot, maar daarom niet minder belangrijk, spoort dit boek ons aan om meer aandacht te besteden aan echte, persoonlijke relaties met de mensen rondom ons, in plaats van kostbare tijd te verliezen in de oppervlakkige onlinewereld.

Prof. Gino Baron

Dit boek biedt een aantal belangrijke inzichten die ons aansporen om onze gewoonten in vraag te stellen. We gaan ons afvragen hoe we ons bedrijfs- en gezinsleven, onze gezondheid en veiligheid in het gedrang brengen door blindelings de producenten van verschillende gadgets te volgen. Een absolute aanrader!

Vedran Vucic

Jouw notities:

www.ingramcontent.com/pod-product-compliance
Lightning Source LLC
Chambersburg PA
CBHW071809090426
42737CB00012B/2018